DEUTSCH 3
Grammatik

Kompetent Aufsteigen...

3. Klasse AHS·NMS

Margit Pieler / Günter Schicho

Symbolerklärung

Übungsaufgabe:
Die Übungen sind fortlaufend nummeriert, sodass du sie auch im Lösungsteil für die Kontrolle leicht wiederfindest. Fast alle Übungen kannst du im Buch erledigen (z. B. Ausfüllen von Lückentexten, Einsetzen in Spalten, Unterstreichen im Text), für einige wenige Übungen ist es aber ratsam, dass du dir ein kleines Übungsheft anlegst.

In einem solchen Kästchen findest du **wichtige Kurzinformationen** und **leicht verständliche Erklärungen** zum jeweiligen Thema.

Wichtiger Merksatz! Guter Tipp! Merk dir das gut!

Wenn du Übungen in dieser Schrift siehst,
sind in den Texten Fehler enthalten, die du richtigstellen sollst!

Beachte, dass bei Texten in Großbuchstaben das ß durch SS ersetzt wird!

Dem Buch ist ein Lösungsheft beigelegt, in dem alle Übungen dieselbe Nummer haben wie im Buch und genau ausgearbeitet sind.

Verweis! Schau dort nach!

www.ggverlag.at

ISBN 978-3-7074-1893-4

In der aktuell gültigen Rechtschreibung

1. Auflage 2015
Illustrationen: Elena Obermüller
Printed by Drukarnia Interak Sp. Z o.o., Czarnków, Polen

Liebe Schülerin! Lieber Schüler!

Du hältst ein Übungsbuch in der Hand, das dir helfen soll, den Lernstoff wirklich zu verstehen und mit einer besseren Note in Deutsch in die nächste Klasse aufzusteigen.

Wahrscheinlich hat dir deine Lehrerin/dein Lehrer empfohlen, Grammatik oder Rechtschreiben zu üben. Das kannst du mit dem vorliegenden Übungsbuch besonders gut! Denn die Übungen sind abwechslungsreich und machen Spaß, weil du schnell erste Erfolgserlebnisse hast. Bald wirst du merken, wie viel du schon gelernt hast und dass dir jetzt manches leichter fällt.

„Kompetent AUFSTEIGEN in Deutsch 3 – Rechtschreiben" und „Kompetent AUFSTEIGEN in Deutsch 3 – Grammatik" enthalten den wichtigsten Stoff der 3. Klasse AHS und NMS.
Zu jedem Thema gibt es sehr einfache Merksätze und leicht verständliche Kurzinformationen.
Danach folgen Übungen in unterschiedlichen Schwierigkeitsgraden.
Die Übungen helfen dir, **Sicherheit zu gewinnen** und **dein Wissen richtig anzuwenden**.
Nach jedem Kapitel gibt es einen Schlusstest sowie einen Kompetenz-Check, wo du selbst ankreuzt, was du schon kannst.
Du kannst übrigens auch allein üben, denn alle Übungen sind im Lösungsteil genau ausgearbeitet.

Wir wünschen dir viel Erfolg beim kompetenten AUFSTEIGEN in Deutsch!

Liebe Eltern!

Sie halten ein Übungsbuch in der Hand, das die Deutschkenntnisse Ihres Kindes mit **einfachen Übungen** und **leicht verständlichen Merksätzen** verbessern kann.
Die beiden Bücher „Kompetent AUFSTEIGEN in Deutsch 3 – Rechtschreiben" und
„Kompetent AUFSTEIGEN in Deutsch 3 – Grammatik" sind auf die Lernziele, die Ihr Kind im 7. Schuljahr (3. Klasse AHS und NMS) erreichen soll, abgestimmt.
Die Bücher entsprechen den festgelegten **österreichischen Bildungsstandards**.
Sie fördern die **Selbsttätigkeit** Ihres Kindes und helfen ihm, die geforderten **Kompetenzen** zu erlangen.
Deshalb sind die Bücher so aufgebaut, dass ein Selbststudium durch die Lernenden möglich ist.
Hilfe und Interesse seitens einer Lernbetreuung sind aber immer gut!

Zum Umgang mit diesem Buch:
Die Übungen der einzelnen Kapitel sind mit steigendem Schwierigkeitsgrad angelegt, sodass die Lernenden von leichten Anfangsübungen schrittweise zu komplexeren Aufgaben geführt werden.
Jedes Kapitel wird mit einem einfachen Theorieteil eingeleitet. In schrittweisen Erklärungen und mit leicht verständlichen Kurzinformationen werden die theoretischen Voraussetzungen für die folgenden Übungen gelegt.
Die Übungen werden jeweils genau beschrieben und sehr oft beispielhaft vorgearbeitet. Die Antworten können meistens gleich direkt ins Buch geschrieben werden. Für manche Übungen ist ein Übungsheft notwendig.
Im Lösungsteil ist jede Übung komplett ausgearbeitet. Die Beispiele sind so gewählt, dass sie **eindeutig zu lösen** sind und das Kind **eine sichere Kontrolle** hat.
Die Übungsbücher sind **lehrbuchunabhängig** und können neben jedem Schulbuch verwendet werden. Sie können auch als Nachschlagewerk bei etwaigen Fragen zu Grammatik und Rechtschreibung dienen.
Zur Festigung und weiteren Überprüfung können die Übungstexte der beiden Bände für kurze Diktate verwendet werden.
Bei Schülern mit Schwierigkeiten in Deutsch kann durch das Hinführen zum Verständnis von grammatikalischen und orthografischen Zusammenhängen und durch gezieltes Üben eine merkliche Verbesserung erreicht werden. Diese beiden Übungsbände helfen dabei!

Viel Erfolg wünschen Ihrem Kind

Margit Pieler und Günter Schicho

Inhalt

Wortlehre

In den folgenden Kapiteln wird dein Wissen über die einzelnen Wortarten überprüft, verbessert und erweitert.

In der 1. und 2. Klasse hast du schon viel an Grammatik gelernt. Bekanntes wird wiederholt, mit Übungen vertieft und mit Neuem ergänzt.

Das Wichtigste aus jedem Kapitel wird in **übersichtlichen und leicht verständlichen Zusammenfassungen** dargestellt, sodass du **auf einen Blick** jederzeit Fragen schnell klären, Vergessenes auf einfache Weise wiederholen und dir Neues rasch einprägen kannst.

Die Wortarten – auf einen Blick

Wortart	Bedeutungen	Beispiele
Das Verb (Das Zeitwort)	Tätigkeiten Vorgänge Zustände	schreiben regnen sitzen
Das Nomen (Das Namenwort)	Lebewesen Gegenstände Begriffe	Frau, Mann, Fisch Schule, Tisch Freude, Liebe
Das Adjektiv (Das Eigenschaftswort)	Eigenschaften	schön, lustig
Begleiter und Stellvertreter des Nomens		
Der Artikel (Das Geschlechtswort)	Kennzeichnung des Geschlechts und des Falls	der/die/das ein/eine/ein
Das Pronomen (Das Fürwort)		ich/du/er … mein/sein/ihre …
Das Numerale (Das Zahlwort)		ein, zwei … erstens, zweitens …
Unveränderliche Wörter (Partikeln)		
Das Adverb (Das Umstandswort)	Angaben zu Ort, Zeit, Art und Weise, Grund	dort, jetzt, so, deshalb
Die Konjunktion (Das Bindewort)	Verbindung zwischen Wörtern und Sätzen	und, weil, dass
Die Präposition (Das Vorwort)	Fallbestimmung	vor, in, durch, infolge

Das Verb

Das Verb (Zeitwort) ist eine Wortart, die eine **Tätigkeit**, einen **Vorgang** oder einen **Zustand** ausdrücken kann.

Tätigkeit/Handlung: z. B. schreiben
Vorgang/Verlauf: z. B. regnen
Zustand: z. B. sitzen

Gib an, ob das Verb eine Tätigkeit (T), einen Vorgang (V) oder einen Zustand (Z) ausdrückt!

arbeiten ( )   trinken ( )   stehen ( )   wachsen ( )   schneien ( )

heben ( )   leben ( )   essen ( )   liegen ( )   fließen ( )

zeichnen ( )   spielen ( )   kommen ( )   aufbauen ( )   ausmalen ( )

blühen ( )   zuhören ( )   abwaschen ( )   hängen ( )   plätschern ( )

Konjugation des Verbs

Die **Formveränderung** des Verbs heißt **Konjugation**. Das Verb kann **Person, Zahl, Zeitform** und **Modus** (Indikativ und Konjunktiv) anzeigen.
Bei der Konjugation ändert sich die **Endsilbe** (= Suffix) des Verbs, aber auch der **Stammvokal** des Verbs kann sich ändern.

Verändert das Verb vom **Präsens** zum **Präteritum** den Vokal (= Ablaut) im **Wortstamm** (schr**ei**ben – schr**ie**b), hat das **Präteritum keine Endung** (schrieb) und endet das 2. Partizip auf **-en** (geschrieb**en**), spricht man von einem **starken Verb**.

Bleibt der **Wortstamm unverändert** (gl**au**ben – gl**au**bte), spricht man von einem **schwachen Verb**. In der Personalendung im **Präteritum** wird nur ein **-te** angefügt und das 2. Partizip endet auf **-t** (geglaub**t**).

Gemischte Verben ändern wie starke Verben den **Stammvokal** (d**e**nken – d**a**chte), haben aber im Präteritum wie schwache Verben die Endung **-te** und im 2. Partizip die Endung **-t** (gedach**t**).

Es gibt **drei Stammformen** des Verbs, die du **zur Bildung der Zeitformen benötigst**.
Du siehst an diesen Stammformen, ob ein Verb stark, schwach oder gemischt gebeugt ist.

1. Stammform Infinitiv (Nennform)	**2. Stammform** Präteritum (Mitvergangenheit)	**3. Stammform** 2. Partizip (2. Mittelwort)
schr**ei**ben	schr**ie**b	geschrieb**en**
gl**au**ben	gl**au**bte	geglaub**t**
d**e**nken	d**a**chte	gedach**t**

Setze die folgenden Verben in die drei Stammformen und gib an, ob sie stark, schwach oder gemischt gebeugt sind!

nennen, spielen, nehmen, versetzen, sitzen, rennen, begraben,
backen, angeben, kennen, einschieben

1. Stammform	2. Stammform	3. Stammform	Beugung
nennen	nannte	genannt	gemischt

Vervollständige die Merksätze!

Merkmale der **starken** Verben sind:
- Änderung des _____ vom Präsens zum Präteritum
- Endung auf - _____ im 2. Partizip

Merkmale der **schwachen** Verben sind:
- Unveränderter _____
- Endung auf - _____ im Präteritum
- Endung auf - _____ im 2. Partizip

Merkmale der **gemischten** Verben sind:
- Änderung des _____ vom Präsens zum Präteritum (wie die _____ Verben)
- Endung auf - _____ im Präteritum (wie die _____ Verben)
- Endung auf - _____ im 2. Partizip (wie die _____ Verben)

Gib zu jedem Verb an, in welcher Stammform es steht, und schreibe dazu, ob es sich um eine starke, schwache oder gemischte Konjugation handelt!

las: 2. Stammform, stark	schlief ein:	lief aus:
rannte:	gegessen:	eingekocht:
gewünscht:	eingekauft:	ausgelaufen:
aufrufen:	verheiraten:	anfahren:
rollte:	eingearbeitet:	einbringen:
kreischen:	rechnete:	wischte ab:
angesucht:	sang:	wusch:
servieren:	verzauberte:	genannt:

Finite und infinite Verbformen

Verbformen **mit Personalendung** bezeichnet man als **finite Formen** (= Personalformen).
Du kannst **Person, Zahl und Zeitform bestimmen**.
Im Satz werden finite Verbformen als **Prädikat/Prädikatsteil** verwendet und sind **vom Subjekt abhängig**.

ich schreib**e** – 1. Person, Singular, (Vollverb in finiter Form), Präsens
er **war** gegangen – 3. Person, Singular, (Hilfsverb in finiter Form), Plusquamperfekt
sie werd**en** glauben – 3. Person, Plural, (Hilfsverb in finiter Form), Futur

Bei zweiteiligen Verbformen trägt das **Hilfsverb** die **Personalendung**.
Das **aussagende Verb** (Vollverb) steht in einer **infiniten Form**.

Verbformen **ohne Personalendung** bezeichnet man als **infinite Formen** (= unbestimmte Formen).
Du kannst im Gegensatz zu den Personalformen **weder Person noch Zahl noch Zeitform bestimmen**. Infinite Verbformen sind der **Infinitiv** (Nennform), das **1. Partizip** (Mittelwort der Gegenwart) und das **2. Partizip** (Mittelwort der Vergangenheit).
Infinite Verbformen sind im Satz **vom Subjekt unabhängig**.

Infinitiv	1. Partizip	2. Partizip
schreib**en**	schreib**end**	**ge**schrieben
geh**en**	geh**end**	**ge**gangen
glaub**en**	glaub**end**	**ge**glaubt

Vervollständige die Tabelle!

Infinitiv	1. Partizip	2. Partizip
versinken		
schneiden		
ziehen		

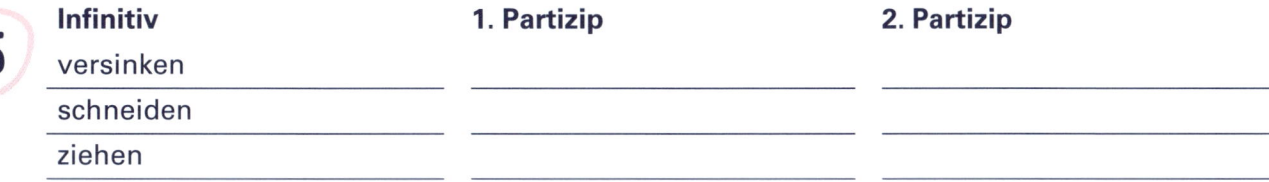

Unterstreiche die finiten und infiniten Verbformen!
Gib bei den infiniten Formen an, um welche es sich handelt!

1. Er möchte gerne eine zweite Portion haben.
2. Julia hat sich nicht aus dem Versteck getraut.
3. Wir werden morgen schon zeitig aufbrechen.
4. Sie hatte den Termin völlig vergessen.
5. Sabine trug einen wärmenden Schianzug.
6. Wir müssen das Schreiben an die Zeitung noch überarbeiten.
7. Hustend verabschiedete sich der Kranke von seinen Besuchern.
8. Der Kellner hatte ihr ein verkohltes Steak serviert.
9. Karsten sollte sich besser informieren.
10. Die Mutter hat das schlafende Kind aus dem Auto geholt.
11. Das Kleingeschriebene kann ich nicht lesen.
12. Die Kinder suchten nach dem versunkenen Floß.

Infinite Verbformen können auch wie Adjektive und Nomen verwendet werden.

1. Partizip: das **schlafende** Kind, der **Schlafende**
2. Partizip: der **geschriebene** Brief, das **Geschriebene**
Infinitiv: das **Schreiben**, das **Schlafen**

Vervollständige die Tabelle!

Infinitiv als Nomen	1. Partizip als Attribut	2. Partizip als Attribut
das _____	die **trinkende** Amsel	das _____ Bier
das _____	_____ Wasser	das **gekochte** Rindfleisch
das **Einschlafen**	ein _____ Baby	die einge_____ Füße
das **Sinken**	das _____ Schiff	der ge_____ Schatz
das _____	der _____ Mensch	eine **gedachte** Aussage
das _____	eine **schwimmende** Kerze	die ge_____ Strecke

Gib an, ob es sich um eine infinite oder finite Verbform handelt!
Bestimme diese Form genau (Person, Zahl/Infinitiv, 1. oder 2. Partizip)!
Doppelnennungen sind möglich!

gräbst:	**finit, 2. Person Singular**	ausgelaufen: _____
gehagelt: _____		frierend: _____
vorgefahren: _____		hätte: _____
war: _____		wuschen: _____
schlafend: _____		sein: _____
schonen: _____		fließend: _____
einsetzen: _____		fressen: _____
nähtet: _____		wirst: _____

Aufgaben, die das Verb erfüllt

Mit einem Verb kannst du ausdrücken, **was** geschieht.
Du kannst mitteilen, **wann** etwas geschieht. (Zeitformen bilden)
Du kannst ein Geschehen im Aktiv oder im Passiv darstellen (**Verhaltensrichtung**) und
du kannst die Aussageweise (den **Modus**) verändern.

Was geschieht:	Ich **schreibe** meine Hausübung.
Wann:	Ich **schreibe/schrieb**/habe **geschrieben** ...
Verhaltensrichtung:	Ich schreibe meine Hausübung. (**Aktiv**)
	Meine Hausübung wird (von mir) geschrieben. (**Passiv – Vorgang**)
	Meine Hausübung ist geschrieben. (**Passiv – Zustand**)
Modus:	Indikativ (**Wirklichkeitsform**): Er schreibt seine Hausübung.
	Konjunktiv I (**Möglichkeitsform**): Er schreibe seine Hausübung.
	Konjunktiv II: Er schriebe seine Hausübung.

In den folgenden Kapiteln werden die **Verbarten** näher betrachtet und das Wissen um die **Zeitformen** wiederholt und erweitert.

Weiters werden die **Verhaltensrichtung (Aktiv – Passiv)** und der **Modus des Verbs (Aussageweise)** genau betrachtet.

Verbarten

Verben kannst du auch nach ihrer **Art der Selbstständigkeit** gruppieren.
Du unterscheidest **Vollverben, Hilfsverben, Modalverben** und **modifizierende Verben**.

Die meisten Verben sind **Vollverben**. Sie können **allein** das Prädikat bilden.
Es sind dies Wörter wie schreiben, gehen, glauben.

Ich **schreibe** meine Hausübung.

Vollverben bilden die **einteiligen Zeitformen** durch Wechsel im Stammvokal oder durch Anhängen einer Endung.

ich schr**ei**be – ich schr**ie**b (starkes Verb); sie glaub**t** – sie glaub**te** (schwaches Verb)

Mit den **Hilfsverben** bildest du die **zweiteiligen Zeitformen**. Sie begleiten ein <u>Vollverb</u>.

Er **hat** seine Hausübung <u>geschrieben</u>. Sie **wird** ihre Hausübung <u>schreiben</u>.

Die Hilfsverben heißen: **haben, sein, werden**

Du benötigst die Hilfsverben auch zur **Passivbildung**.
Die Hausübung **wird** (von ihm) <u>geschrieben</u>. (Vorgang)
Die Hausübung **ist** <u>geschrieben</u>. (Zustand)

Die Hilfsverben können auch **als Vollverben** gebraucht werden.
Er <u>ist</u> schon da. Sie <u>hat</u> ein neues Moped. Du <u>wirst</u> Lehrerin.

Mit den **Modalverben** (Hilfsverben der Aussage) **änderst** du die **Bedeutung** eines Satzes. Du modifizierst die Aussage (**stufst sie ab**).

Die Modalverben heißen: **dürfen, können, wollen, sollen, mögen (möchten), müssen.**
Er **muss** seine Hausübung <u>schreiben</u>.

Das Modalverb ist immer mit dem Infinitiv eines Vollverbs verbunden.

Folgende Abstufungen/Bedeutungsabsichten der Aussage sind möglich:
dürfen ⟶ Erlaubnis: Ich darf mitspielen.
können ⟶ Fähigkeit, Möglichkeit: Ich kann mitspielen.
wollen ⟶ Wunsch, Vorsatz: Ich will mitspielen.
sollen ⟶ Aufforderung: Sie soll mitspielen.
mögen ⟶ Wunsch: Ich mag/möchte mitspielen.
müssen ⟶ Befehl, Notwendigkeit: Ich muss mitspielen.

Unterstreiche die Modalverben und gib die Bedeutungsabsichten an!

1. Hubert <u>will</u> heute mit dem Hund nicht spazieren gehen. **Wunsch, (Vorsatz)**
2. Sabine darf heute früher nach Hause gehen.
3. Karsten soll sich sofort beim Direktor melden.
4. Beate muss zur Schulärztin kommen.
5. Stefan kann schon beginnen.
6. Patrizia möchte ein eigenes Zimmer haben.
7. Andreas mag keine Suppe essen.
8. Hannes will nicht fernsehen.
9. Selina möchte gerne Ärztin werden.
10. Der Soldat muss sich beim Vorgesetzten melden.

Forme die folgenden Sätze so um, dass sie Modalverben enthalten!

1. Probiere es noch einmal mit mehr Gefühl! (<u>sollen</u>)
   Du sollst es noch einmal mit mehr Gefühl probieren.
2. Ich spiele auch mit! (wollen)

   _____

3. Andrea, geh nach Hause! (dürfen)

   _____

4. Hans nimmt jeden Tag drei Tabletten. (müssen)

   _____

5. Der Patient regt sich nicht auf. (sollen)

   _____

6. Der kleine Phillip geht schon. (können)

   _____

7. Nina isst keine roten Rüben. (mögen)

   _____

8. Ärgere dich nicht deswegen! (müssen)

   _____

9. Herbert kocht für die ganze Familie. (wollen)

   _____

10. Würfle eine Vier! (müssen)

    _____

Gib die Bedeutungsabsichten der Sätze von Übung 10 an! Schreibe in dein Übungsheft!

Beispiel: Du **sollst** es noch einmal mit mehr Gefühl probieren. **Aufforderung**

Mit den **modifizierenden Verben** bewirkst du (wie auch mit den Modalverben) eine Veränderung der Aussage eines Satzes.
Modifizierende Verben sind z. B. **pflegen, scheinen, meinen, beabsichtigen, gedenken** ...

Beispiel: Er **beabsichtigt** seine Hausübung **zu schreiben**.

 Das modifizierende Verb ist immer mit **zu** und dem **Infinitiv eines Vollverbs** verbunden.

Forme die folgenden Sätze so um, dass sie modifizierende Verben enthalten!
Unterstreiche den Infinitiv mit „zu"! Schreibe in dein Übungsheft!

1. Er ist krank. (scheinen) **Er scheint krank <u>zu sein</u>.**
2. Sie war verletzt. (meinen)
3. Wir kommen nicht. (gedenken)
4. Sie essen um 18 Uhr zu Abend. (pflegen)
5. Ich zeige diesen Vorfall an. (beabsichtigen)
6. Sie sind nicht zu Hause. (scheinen)
7. Die Gäste fühlen sich hier wohl. (scheinen)
8. Der Patient steht selbstständig auf. (gedenken)

Ordne die Verben aus dem Wortkasten nach ihrer Art!
Bist du beim Zuordnen unsicher, bilde vorher den Infinitiv!

> bindet sein mag kaufen ist war scheinen sollten wird fliegen
> darfst hattest verzagen stehe bist wurde könntest meinen

Vollverben: _____

Hilfsverben: _____

Modalverben: _____

modifizierende Verben: _____

Unterstreiche das Verb und gib an, um welche Verbart es sich handelt!

1. Er geht zur Schule.
2. Sie werden dir glauben.
3. Es musste einmal so kommen.
4. Sie scheint heute nicht mehr zu fahren.
5. Wir hatten für sieben Uhr einen Tisch bestellt.
6. Sie sollten lieber nochmals fragen.
7. Er war zu spät gekommen.
8. Werden die anderen wenigstens pünktlich ankommen?
9. Ich gedenke nicht länger zu warten.
10. Sie haben leider die Straßenbahn versäumt.

15

Unterstreiche in der Geschichte „Küchenchef 1" alle Verben, die als Prädikate verwendet sind, und trage sie in die Tabelle ein!
Unterstreiche anschließend alle nicht schwach gebeugten Vollverben in der Tabelle!

Küchenchef 1

In einigen Fernsehkochsendungen zeigen echt coole Typen, dass Kochen Spaß machen kann und selbst gemachte Gerichte obendrein auch lecker schmecken.

Deshalb interessieren sich in unserer Klasse immer mehr Buben für das Kochen.

So haben mein Freund Daniel und ich uns am Schulbeginn für den Freigegenstand „Kochen und Ernährungslehre" angemeldet.

Meine Mutter war über mein Vorhaben begeistert und wollte mir sofort die Küche als mein neues Revier übergeben. Mein großer Bruder schmunzelte nur und sagte, dass es Mädchen cool fänden, wenn Buben kochen könnten. Nur mein Vater, dem sogar die Würstel beim Aufwärmen im Wasser anbrennen, murmelte etwas von „Frauensache". Doch er gab dann schließlich zu, dass meine Anmeldung ein erster Schritt zu einer gesunden Ernährung sei und ich mich später einmal nicht aus Dosen ernähren müsse.

Gespannt wartete ich schon auf die erste Kochstunde.

Vollverben	Hilfsverben	Modalverben

Verbarten – auf einen Blick

Wortart	Aufgaben	Aufgaben im Satz	Verbarten in den Zeitformen
Vollverben	bilden die **einteiligen Zeiformen** durch Wechsel im Stamm-vokal (**starke Verben**) oder durch Wechsel der Endung (**schwache Verben**).	• teilen mit, WAS geschieht. • bilden das PRÄDIKAT.	Einteilige Zeitformen: **Präsens:** Ich schreibe den Brief. Sie glaubt dir. **Präteritum:** Ich schrieb den Brief. Sie glaubte dir.
Hilfsverben	• werden zur Bildung der **zweiteiligen Zeit-formen** benötigt. • werden zur Bildung des **Passivs** benötigt. • können auch als **Vollverben** gebraucht werden.	• bilden einen Teil des PRÄDIKATS. • tragen die Personalform.	Zweiteilige Zeitformen: **Perfekt:** Ich habe … geschrieben. Er ist … gegangen. **Plusquamperfekt:** Ich hatte … geschrieben. Er war … gegangen. **Futur I:** Ich werde … schreiben. **Futur II:** Ich werde … geschrieben haben.
Modalverben	verändern (modifi-zieren) die Aussage eines Vollverbs (**Veränderung der Aussageweise**).	bilden zusammen mit dem Infinitiv das Prädikat.	**Präsens:** Ich möchte … schreiben. **Präteritum:** Er musste … gehen. **Perfekt:** Sie hat dir glauben wollen.
modifizierende Verben	verändern (modifi-zieren) die Aussage eines Vollverbs (**Veränderung der Aussageweise**).	• gehören zu den Voll-verben, werden aber ähnlich wie Modal-verben verwendet. • werden mit „zu" und Infinitiv verwendet.	**Präsens:** Ich beabsichtige … zu schreiben. **Präteritum:** Er gedachte … zu gehen. **Präsens:** Sie scheint dir zu glauben.

Zeitformen des Verbs

Es gibt **drei** Zeitstufen: **Gegenwärtiges, Vergangenes und Zukünftiges**.

Diese Zeitstufen werden durch Zeitformen ausgedrückt.

Das Verb kann in der deutschen Sprache **sechs** Zeitformen bilden: **Präsens, Präteritum, Perfekt, Plusquamperfekt, Futur I, Futur II**.

Zeitstufen	Zeitformen
Gegenwärtiges (= was gerade ist)	Präsens
Vergangenes (= was vorüber ist)	Präteritum, Perfekt, Plusquamperfekt
Zukünftiges (= was sein wird)	Futur I, Futur II

Du verwendest das **Präsens** (Gegenwart), wenn du von **gegenwärtigem Geschehen** berichtest. Du drückst aus, was zum Zeitpunkt **gerade passiert**.
Du bildest es mit der 1. Stammform und der Personalendung, z. B. ich schreib**e**, du schreib**st** ...

Bilde von den Verben „gehen" und „wandern" das Präsens!
Schreibe sie in allen Personen auf und unterstreiche die Personalendungen!

ich geh<u>e</u>	wir
du	ihr
er/ sie/es	sie

er/sie/es wander<u>t</u>	

Du verwendest das **Präteritum** (Mitvergangenheit), um schriftlich über **vergangenes Geschehen** zu erzählen.
Du bildest es mit der 2. Stammform, z. B. ich schr**ieb**, du schr**ieb**st ...

Bilde von den Verben „gehen" und „wandern" das Präteritum!
Schreibe sie in allen Personen auf und unterstreiche die Änderungen der Stammvokale und die Personalendungen!

	sie g<u>i</u>ngen

	ihr wander<u>tet</u>

Du verwendest das **Perfekt** (Vergangenheit), um mündlich von einer vergangenen Begebenheit zu erzählen. Du gebrauchst es auch, wenn du **vom Präsens zurückblickend** erzählst.
Beispiel: Ich **lerne** Grammatik, weil ich gestern eine schlechte Note **bekommen habe**.

Du bildest es mit den **Hilfsverben „haben"** oder **„sein"** (in Personalform) und mit einem Vollverb im 2. Partizip (3. Stammform).
Beispiel: ich **habe** geschrieben, du **hast** geschrieben ...; ich **bin** gekommen, du **bist** gekommen ...

Ü 18

Bilde von den Verben „gehen" und „glauben" das Perfekt!
Schreibe sie in allen Personen auf und unterstreiche die Personalendungen!

du bi<u>st</u> gegangen	

	wir hab<u>en</u> geglaubt

Liegt ein Ereignis **vom Präteritum aus** gesehen noch **weiter zurück**, verwendest du das **Plusquamperfekt** (Vorvergangenheit).
Beispiel: Ich **vergaß**, dass ich mein Heft **hergeborgt hatte**.

Du bildest es mit den **Hilfsverben „haben"** oder **„sein"** (in der Präteritumform) und mit einem Vollverb im 2. Partizip (3. Stammform).
Beispiel: ich **hatte** geschrieben, du **hattest** geschrieben ...; ich **war** gekommen, du **warst** ...

Ü 19

Bilde von den Verben „gehen" und „glauben" das Plusquamperfekt!
Schreibe sie in allen Personen auf und unterstreiche die Personalendungen!

ich w<u>ar</u> gegangen	

er/sie/es hatt<u>e</u> geglaubt	

Das **Futur I** (Zukunft) verwendest du, um etwas **Zukünftiges**, das noch nicht stattgefunden hat, auszudrücken. Du bildest es mit dem **Hilfsverb „werden"** und dem Infinitiv eines Vollverbs.
Beispiel: ich **werde** schreiben, du **wirst** schreiben ...

Du kannst mit dem Futur auch **Vermutungen, Absichten** und **Befehle ausdrücken**.

Ü 20

Bilde von den Verben „gehen" und „glauben" das Futur I!
Schreibe sie in allen Personen auf und unterstreiche die Personalendungen!

	sie werd<u>en</u> gehen

du wir<u>st</u> glauben	

Das **Futur II** (Vorzukunft) verwendest du, um ein in der Zukunft bereits abgeschlossenes Geschehen oder eine Vermutung auszudrücken.
Beispiel: Ich **werde** nächstes Jahr die 4. Klasse abgeschlossen **haben**.

Du bildest es mit dem **Hilfsverb „werden"**, dem 2. Partizip (3. Stammform) eines Vollverbs und dem Infinitiv der Hilfsverben **„haben" oder „sein"**.
Beispiel: ich **werde** geschrieben **haben**, du **wirst** angekommen **sein** …

Das Futur II wird nur selten verwendet und daher nur kurz besprochen.
Du wirst dich erst in der 4. Klasse damit näher beschäftigen.

Bilde von den Verben „gehen" und „glauben " das Futur II!
Schreibe sie in allen Personen auf und unterstreiche die Personalendungen!

21

	wir werd<u>en</u> gegangen sein

ich werd<u>e</u> geglaubt haben	

Fülle die Raster vollständig aus! Setze die Verben „ziehen" und „liegen" in alle Personen (Einzahl und Mehrzahl) und Zeitformen!

22

Zeitformen	1. Person Singular	2. Person Singular	3. Person Singular
Präsens	ich ziehe		er/sie/es
Präteritum			
Perfekt			
Plusquamperfekt			
Futur I			
Futur II			

Zeitformen	1. Person Plural	2. Person Plural	3. Person Plural
Präsens	wir ziehen		
Präteritum			
Perfekt			
Plusquamperfekt			
Futur I			
Futur II			sie werden gezogen haben

Zeitformen	1. Person Singular	2. Person Singular	3. Person Singular
Präsens	ich liege		
Präteritum			
Perfekt			
Plusquamperfekt			
Futur I			
Futur II			

Zeitformen	1. Person Plural	2. Person Plural	3. Person Plural
Präsens	wir liegen		
Präteritum			
Perfekt			
Plusquamperfekt			
Futur I			
Futur II			sie werden gelegen sein

Unterstreiche das Hilfsverb und gib die Zeitform an!

1. Wir <u>sind</u> um die Wette geschwommen. **Perfekt**
2. Der Hund ist im Wald verschwunden.
3. Du wirst doch mitspielen?
4. Die Farbe wird sich beim Waschen verändern.
5. Ich bin ins Ziel gelaufen.
6. Die Verletzten waren gehumpelt.
7. Die Köche hatten gekostet.
8. Du bist gerade noch entkommen.
9. Wir werden diesen Abend nicht vergessen.
10. Die Ärzte werden gleich kommen.
11. Der Jockey war grandios geritten.
12. Er wird das Arbeitsblatt für dich kopieren.

Unterstreiche die Verben in den folgenden Sätzen und gib an, welche Zeitform sie bilden! Gib bei infiniten Verbformen an, um welche es sich handelt!

1. Conny <u>versuchte</u> immer schneller zu <u>fahren</u>. **Präteritum, Infinitiv**
2. Wir brauchen nicht länger zu warten.
3. Norbert ist mit seinem Scooter schwer gestürzt.
4. Renate wird der Lehrerin die Blumen überreichen.
5. Tante Käthe hat erst gestern ihr neues Auto bekommen.
6. Paul brachte die Pakete zuverlässig zur Post.
7. Meine Katze wird bald Junge bekommen.
8. Helga hatte ihren Ausweis vergessen.
9. Bist du am Sonntag in der Messe gewesen?
10. Seid ihr erst heute angekommen?
11. Er war nicht mitgegangen.

Schreibe die beiden Sätze in allen Zeitformen auf!

Präsens	Die neue Lehrerin betritt das Klassenzimmer.
Präteritum	
Perfekt	
Plusquamperfekt	
Futur I	
Futur II	

Präsens	Die 3a fährt auf Schikurs.
Präteritum	
Perfekt	
Plusquamperfekt	
Futur I	
Futur II	

Zusammenspiel der Zeitformen

Präsens – Perfekt: Ich **fahre** zum Wettbewerb, nachdem ich die Erlaubnis **bekommen habe**.
Präteritum – Plusquamperfekt: Ich **fuhr** zum Wettbewerb, nachdem ich die Erlaubnis **bekommen hatte**.
Futur I: Ich **werde** zum Wettbewerb **fahren**.
(**Futur II:** Ich **werde** zum Wettbewerb **gefahren sein**.)

Setze die Zeitformen (Präsens – Perfekt, Präteritum – Plusquamperfekt) so ein, dass das Zusammenspiel der Zeitformen stimmt!

1. Wir   (anschauen) uns einen Film   , nachdem wir die Prüfungen erfolgreich   (abschließen).
   Wir   (anschauen) uns einen Film   , nachdem wir die Prüfungen erfolgreich   (abschließen).

2. Stefan   (bekommen) ein neues Handy, nachdem er vorgestern sein altes   (verkaufen).
   Stefan   (bekommen) ein neues Handy, nachdem er vorgestern sein altes   (verkaufen).

3. Barbara _____ (finden) ihre Turnschuhe zu Hause im Keller, nachdem sie die
gesamte Schülergarderobe _____ (absuchen).
Barbara _____ (finden) ihre Turnschuhe zu Hause im Keller, nachdem sie die
gesamte Schülergarderobe _____ (absuchen).

4. Nachdem Sybille das ganze Schuljahr den Maschinschreibkurs _____
(besuchen), _____ (schreiben) sie ihre Aufgaben nur mehr am Computer und
_____ (sich ersparen) eine Menge Zeit.
Nachdem Sybille das ganze Schuljahr den Maschinschreibkurs _____
(besuchen), _____ (schreiben) sie ihre Aufgaben nur mehr am Computer und
_____ (sich ersparen) eine Menge Zeit.

Verwendung von Futur I und Futur II

Futur I (Zukunft) wird verwendet bei:
- **Vermutung:** Es wird dir am Schikurs sicherlich gefallen.
- **Absicht:** Ich werde mir das noch einmal gut überlegen.
- **Befehl:** Du wirst das schön bleiben lassen!

Ü
27

Unterstreiche die Prädikate, die in den Sätzen das Futur I bilden!
Kreuze an, wie das Futur I jeweils verwendet wird (Vermutung/Absicht/Befehl)!

	Vermutung	Absicht	Befehl
1. In der neuen Klasse werdet ihr gewiss nette Schulkollegen haben.	___	___	___
2. Ihr werdet das nie wieder tun!	___	___	___
3. Die jungen Katzen werden bald stubenrein sein.	___	___	___
4. Wir werden heute nur eine kurze Pause machen.	___	___	___
5. Du wirst keine nächste Chance von mir bekommen.	___	___	___
6. Heute in der Nacht wird es schneien.	___	___	___

Futur II (Vorzukunft) wird verwendet für:
- **Vergangenes, das vermutlich passiert ist.**
  Beispiel: Er wird das sicher wieder vergessen haben.
- **In der Zukunft Vergangenes (= bereits Abgeschlossenes).**
  Beispiel: Nächste Woche um diese Zeit werden wir das Zeugnis schon bekommen haben.

Ü
28

Unterstreiche die Prädikate, die in den Sätzen das Futur II bilden!
Kreuze an, wie das Futur II jeweils verwendet wird (Vermutung/Abgeschlossenes)!

	Vermutung	Abgeschlossenes
1. Er wird sicherlich erst spät nach Hause gekommen sein.	___	___
2. Unsere Mannschaft wird das Match doch gewonnen haben.	___	___
3. Nächstes Jahr um diese Zeit wird Gabi die Aufnahmeprüfung schon geschafft haben.	___	___
4. Nächsten Monat wird Julia auch die Schwimmprüfung bestanden haben.	___	___
5. Felix wird das Klassenbuch wieder liegen gelassen haben.	___	___

Zeitformen – auf einen Blick

Zeitform	Verwendung	Beispiele
Präsens (Gegenwart)	• **Gegenwärtiges** • **Vergangenes** • **Zukünftiges** • **Allgemein Gültiges**	• Ich **lese** gerade ein spannendes Buch. • 1910 **veröffentlicht** der Dichter dieses Werk. • Morgen **besuche** ich meine Cousine. • Fett **schwimmt** an der Wasseroberfläche.
Präteritum (Mitvergangenheit)	**Vergangenes** – für das **schriftliche Erzählen**	Als es noch keinen Fernseher **gab**, **gingen** die Leute öfter ins Kino.
Perfekt (Vergangenheit)	**Vergangenes** – für das **mündliche Erzählen**	Damals **hat** es bei uns noch keinen Fernseher **gegeben**. Wir **sind** ins Kino **gegangen**.
Plusquamperfekt (Vorvergangenheit)	**Vergangenes, das vor einer bereits vergangenen Handlung passiert ist**	Ich kam zu dir, nachdem ich meine Arbeit **erledigt hatte**. (Präteritum – Plusquamperfekt)
Futur I (Zukunft)	• **Vermutung** • **Absicht** • **Befehl**	• Es **wird** dir in der neuen Schule sicherlich **gefallen**. • Ich **werde** mit ihr darüber **reden**. • Du **wirst** heute früher nach Hause **kommen**!
Futur II (Vorzukunft)	• **Vergangenes, das vermutlich passiert ist** • **In der Zukunft Vergangenes** (= Abgeschlossenes)	• Er **wird** meinen Geburtstag sicher wieder **vergessen haben**. • Nächste Woche um diese Zeit **werden** wir schon in Italien **angekommen sein**.

Aktiv – Passiv

Das **gleiche Geschehen** kann **auf verschiedene Weise dargestellt** werden.
Einmal wird der **„Verursacher"** hervorgehoben („Tätigkeitsform"), einmal der
„Betroffene" („Leideform").

Es gibt zwei Arten des Passivs:
Vorgangspassiv („werden"-Passiv) und **Zustandspassiv** („sein"-Passiv).

	Subjekt (Verursacher)		O4 (Betroffene)	
AKTIV:	Der Tierarzt	betreut	die Stute.	
	Subjekt (Betroffene)		Vorwortergänzung	
VORGANGSPASSIV:	Die Stute	wird	vom Tierarzt	betreut.
	Subjekt (Betroffene)		Vorwortergänzung	
ZUSTANDSPASSIV:	Die Stute	ist	vom Tierarzt	betreut.

Das Objekt wird zum Subjekt.
Das Subjekt des aktiven Satzes fällt im passiven Satz meist weg.

	Subjekt	
VORGANG:	Die Stute	wird betreut.

	Subjekt	
ZUSTAND:	Die Stute	ist betreut.

Das **Vorgangspassiv** wird mit **werden** und dem **2. Partizip** gebildet.
Das **Zustandspassiv** wird mit **sein** und dem **2. Partizip** gebildet.

Alle Zeitformen können im Passiv ausgedrückt werden.

Vorgangspassiv

Präsens: Das Pferd **wird betreut.**	Personalform von **werden + 2. Partizip**
Präteritum: Das Pferd **wurde betreut.**	Personalform von **wurden + 2. Partizip**
Perfekt: Das Pferd **ist betreut worden.**	Personalform von **sein + 2. Partizip + worden**
PP: Das Pferd **war betreut worden.**	Personalform von **waren + 2. Partizip + worden**
Futur I: Das Pferd **wird betreut werden.**	Personalform von **werden + 2. Partizip + werden**
(Futur II: Das Pferd **wird betreut worden sein.)**	(Personalform von **werden + 2. Partizip + worden + sein)**

Zustandspassiv

Präsens: Das Pferd **ist betreut.**	Personalform von **sein + 2. Partizip**
Präteritum: Das Pferd **war betreut.**	Personalform von **waren + 2. Partizip**
Perfekt: Das Pferd **ist betreut gewesen.**	Personalform von **sein + 2. Partizip + gewesen**
PP: Das Pferd **war betreut gewesen.**	Personalform von **waren + 2. Partizip + gewesen**
Futur I: Das Pferd **wird betreut sein.**	Personalform von **werden + 2. Partizip + sein**
(Futur II: Das Pferd **wird betreut gewesen sein.)**	(Personalform von **werden + 2. Partizip + gewesen + sein)**

Ü 29

Vervollständige die Tabelle!
Im Passiv kannst du den „Verursacher" (in diesem Fall: „vom Verkäufer") weglassen!

Zeitform	Aktiv	Vorgangspassiv	Zustandspassiv
Präsens	Der Verkäufer öffnet das Geschäft. _____	_____	_____
Präteritum	_____	Das Geschäft wurde geöffnet. _____	_____
Perfekt	_____	_____	Das Geschäft ist geöffnet gewesen. _____
Plusquamperfekt	Der Verkäufer hatte das Geschäft geöffnet. _____	_____	_____
Futur I	_____	Das Geschäft wird geöffnet werden. _____	Das Geschäft wird geöffnet sein. _____

Ü 30

Vervollständige die Tabelle! Gehe wie in Übung 29 vor!
Im Passiv kannst du die „Verursacherin" wieder weglassen!

Zeitform	Aktiv	Vorgangspassiv	Zustandspassiv
Präsens	Karin schreibt ein SMS. _____	_____	_____
Präteritum	_____	_____	_____
Perfekt	_____	_____	_____
Plusquamperfekt	_____	_____	_____
Futur I	_____	_____	_____

Ü 31

Kreuze an, was für den jeweiligen Satz zutrifft (Aktiv, Vorgangs- oder Zustandspassiv, Präsens, Präteritum, Perfekt, Plusquamperfekt oder Futur I)!

	A	VP	ZP	Präs.	Prät.	Perf.	PP	F I
1. Mein Hund gräbt im Garten ein tiefes Loch.	__	__	__	__	__	__	__	__
2. Wahrscheinlich wird er darin einen Knochen verstecken.	__	__	__	__	__	__	__	__
3. Morgen wird der Knochen wieder ausgegraben werden.	__	__	__	__	__	__	__	__
4. Dieses Spielchen war von ihm schon oft veranstaltet worden.	__	__	__	__	__	__	__	__

Ü 32

Kreuze richtig an (Aktiv, Vorgangs- oder Zustandspassiv) und schreibe die jeweilige Zeitform auf!

	A	VP	ZP	Zeitform
1. Das Stiegenhaus wird vom Hausmeister wöchentlich gereinigt.	___	___	___	_____
2. Auch die Fenster putzt er jede Woche.	___	___	___	_____
3. Die Gartenanlage wird erst wieder im Sommer gepflegt werden.	___	___	___	_____
4. Im Winter wird der vereiste Gehsteig ordentlich gestreut.	___	___	___	_____
5. Sind die Mülltonnen schon entleert worden?	___	___	___	_____
6. Der Gehweg wird gekehrt werden.	___	___	___	_____
7. Die Haussprechanlage ist bereits überprüft worden.	___	___	___	_____
8. Die Techniker sind schon um 8 Uhr Früh gekommen.	___	___	___	_____
9. Die Steckverbindungen der Kabel sind locker zusammengesetzt gewesen.	___	___	___	_____
10. Auch waren die elektrischen Leitungen nicht vorschriftsmäßig verlegt worden.	___	___	___	_____

Ü 33

Gib an, in welcher Verhaltensrichtung (Aktiv oder Vorgangspassiv) und in welcher Zeitform folgende Sätze geschrieben sind!

1. Der Lehrer war nach den Noten gefragt worden. _____

2. Der Parkettboden ist von den Handwerkern zerkratzt worden. _____

3. Die Rechnung wurde heute bezahlt. _____

4. Der Nikolo wird morgen zu den Kindern kommen. _____

5. Der Direktor war nach den Schülern gefragt worden. _____

6. Der Holzboden ist von den Bodenlegern verlegt worden. _____

7. Der Erlagschein wird heute eingezahlt werden. _____

8. Der Krampus wird morgen zu den Jugendlichen kommen. _____

Ü 34

Bestimme die Zeitformen und gib an, ob es sich um Aktiv (A), Zustandspassiv (ZP) oder Vorgangspassiv (VP) handelt!
Übertrage die Verbform anschließend in die angegebene Zeitform!
(Die Verhaltensrichtung soll gleich bleiben!)

1. es wird gefüttert: **VP Präsens**; Präteritum: **es wurde gefüttert**
2. sie sind geimpft: _____; Futur I: _____
3. es wurde wieder geöffnet: _____; Perfekt: _____
4. sie werden bezahlt: _____; Präteritum: _____
5. es wird abgegeben: _____; Plusquamperfekt: _____
6. ich bin gelandet: _____; Präsens: _____
7. du warst gejagt worden: _____; Präsens: _____
8. es ist zu spät gewesen: _____; Futur I: _____
9. sie waren beschädigt gewesen: _____; Futur I: _____
10. es wird vorgelesen werden: _____; Präsens: _____
11. ihr wurdet verständigt: _____; Plusquamperfekt: _____
12. es wird schon verkauft sein: _____; Präsens: _____
13. sie waren gezählt gewesen: _____; Präteritum: _____

Ü 35

Übertrage die Sätze in die angegebene Verhaltensrichtung und Zeitform!

1. Meine Schwester wird am Donnerstag operiert.	→ Vorgangspassiv, Perfekt Meine Schwester ist am Donnerstag operiert worden.
2. Lösche bitte die Tafel!	→ Aussagesatz, Vorgangspassiv, Präsens
3. Die Schultasche wird gepackt.	→ Fragesatz, Zustandspassiv, Präteritum
4. Mein Auto wird am Montag lackiert.	→ Vorgangspassiv, Perfekt
5. Der Beamte prüft die Fragebögen.	→ Zustandspassiv, Präteritum
6. Öffne bitte das Fenster!	→ Aussagesatz, Vorgangspassiv, Präsens
7. Der Koffer wird ausgepackt.	→ Fragesatz, Zustandspassiv, Präteritum

Von **allen Verbformen** kann eine **Aktivform** gebildet werden, aber **nicht alle** Verben können ein sinnvolles **Passiv bilden**.
Beispiel: **Aktiv** → **Passiv**
Ich gehe auf der Straße. → *Die Straße wird gegangen.*
Die Dose enthält Zucker. → *Zucker wird von der Dose enthalten.*

Verben, die ein **Akkusativobjekt** (Ergänzung im 4. Fall) **verlangen**, sind **meist passivfähig**.
Beispiel: **bringen, trennen, sehen, nennen**
        Die Milch wird gebracht.
        Das Kind ist gesehen worden.

Modus des Verbs/Indikativ und Konjunktiv

Mit dem Verb kannst du die **Aussageweise** eines Satzes **bestimmen**.

Mit dem **Indikativ** (Wirklichkeitsform) drückst du aus, dass es sich um eine **tatsächliche** (reale/wirkliche) **Begebenheit** handelt.

Indikativ ist der Modus, den du normalerweise verwendest.
Beispiel: Er schreibt seine Hausübung.
        Ich glaube, heute Nacht wird es schneien.

Mit dem **Konjunktiv** (Möglichkeitsform) drückst du aus, dass es sich um einen **Wunsch**, um **Irreales** oder eine **Möglichkeit** handelt.

Das ist die Form, die du auch verwendest, wenn du das von einer anderen Person Gesagte weitererzählst (= **indirekte Rede**).
Beispiel: Sie sagte, er **schriebe** seine Hausübung ab. (2. Konjunktiv)
        Er meint, sie **schreibe** diese selbst ab. (1. Konjunktiv)

Mit dem **Imperativ** (Befehlsform) richtest du eine **Bitte**, eine **Aufforderung** oder einen **Befehl** an jemanden.

 Die Form des Imperativs wird aus dem Präsensstamm gebildet.
Beispiel: **Tritt** ein! **Steht** beim Läuten auf! **Nimm** bitte Platz!

Ü 36

Bilde ausgehend von den Sätzen im Indikativ den Imperativ!

Indikativ (Aussagesätze)	Imperativ (Befehlssätze)
1. Er **zieht** sich seine Schuhe an.	Zieh dir deine Schuhe an!
2. Sie warten bei der Bushaltestelle.	
3. Sie klettern nicht auf das Gerüst.	
4. Es betritt nicht den Rasen.	
5. Sie kauft vitaminreiches Obst und Gemüse.	
6. Man trägt wieder Miniröcke.	
7. Sie demonstrieren gegen die geplante Reform.	
8. Du rufst mich um 20 Uhr an.	
9. Er nimmt sich zwei Stück Fleisch.	
10. Er schreibt seine Hausübung ordentlich.	

Konjunktiv I

Den **Konjunktiv I** (Möglichkeitsform) bildest du **mit dem Infinitiv** (Nennform).
Er unterscheidet sich oft nur wenig oder gar nicht von der Form des Präsens.
Konjunktiv I wird **bei der indirekten Rede** (Wiedergabe von Gesagtem) **verwendet**.

Infinitiv	Präsens	Konjunktiv I
schreiben	ich schreib**e**	ich schreib**e**
	du schreib**st**	du schreib**est**
	er/sie/es schreib**t**	er/sie/es schreib**e**
	wir schreib**en**	wir schreib**en**
	ihr schreib**t**	ihr schreib**et**
	sie schreib**en**	sie schreib**en**

Ü 37

Wiederhole obiges Beispiel mit den Verben „gehen" und „glauben" und bilde Präsens und Konjunktiv I!

Infinitiv	Präsens	Konjunktiv I
gehen		

Infinitiv	Präsens	Konjunktiv I
glauben		

Ü 38

Ergänze Infinitiv und Konjunktiv I!

Infinitiv	Präsens	Konjunktiv I
	wir zählen	
	du ziehst	
	er weiß	
	ich spitze	
	ich mag	
	er sitzt	
	du legst	
	er stellt auf	
	sie montieren	
	du bist	
	sie putzt	
	du hast	
	es hält an	

Ü 39

Ergänze die Formen des Konjunktivs I! (Wenn du unsicher bist, bilde den Infinitiv!)

Präsens	Konjunktiv I	Präsens	Konjunktiv I
er spricht		er darf	
sie trägt		sie hat	
du isst		sie schlafen	
wir laufen		ich koche	
sie sieht		wir turnen	
es regnet		sie liest	

Konjunktiv II

Den **Konjunktiv II** bildest du mit dem **Präteritum** (2. Stammform).
Du verwendest ihn, **wenn etwas stark angezweifelt wird**, scheinbar unmöglich ist oder nur gedacht wird.
Beispiel: Wenn er davon **wüsste**, **käme** er nicht.

Unterscheidet sich der Konjunktiv I nicht vom Indikativ, wird in der **indirekten Rede** der **Konjunktiv II verwendet**.

Präteritum	Konjunktiv II
ich schrieb	ich schrieb**e**
du schriebst	du schrieb**est**
er/sie/es schrieb	er/sie/es schrieb**e**
wir schrieben	wir schrieb**en**
ihr schriebt	ihr schrieb**et**
sie schrieben	sie schrieb**en**

Bei starken Verben muss die **Umlautbildung** im Konjunktiv II erfolgen.
Beispiel: er s**a**h – er s**ä**he, sie w**a**r – sie w**ä**re

Ü 40

Vervollständige die Tabelle mit den Verben „gehen" und „glauben"!

Präteritum	Konjunktiv II	Präteritum	Konjunktiv II
ich ging		ich glaubte	
du		du	
er/sie/es		er/sie/es	
wir		wir	
ihr		ihr	
sie		sie	

Wenn die Konjunktivform altertümlich oder seltsam klingt, solltest du eine **Umschreibung mit „würde"** oder ein **Modalverb** verwenden.
Beispiel: er trug – (er trüge) – er **würde tragen**/er **sollte tragen**
          sie las – (sie läse) – sie **würde lesen**/sie **wollte lesen**

Umschreiben solltest du auch, wenn sich die Form des **Konjunktiv II vom Präteritum nicht unterscheidet**.

Präteritum	Konjunktiv II	Modalverb
wir glaubten	(wir glaubten)	wir würden glauben
er schrie	(er schrie)	er würde schreien

Ü 41

Ergänze die fehlenden Formen des Konjunktivs II!
Wenn sie altertümlich oder seltsam klingen, umschreibe diese mit „würde"!
Unterscheidet sich der Konjunktiv II vom Präteritum nicht, wähle ebenso die Umschreibung mit „würde"!

Präteritum	Konjunktiv II	Präteritum	Konjunktiv II
er sprach		er las	
sie trug		sie kam	
wir liefen		ihr wart	
sie sah		er trat ein	
es regnete		es lag	
du schliefst		sie trank	
er durfte		er grub	

Ü 42 — Ordne die Verbformen in die Tabelle richtig ein!

es läuft – sie flöge – sie schwimmt – du flohst – wir essen – ich las – er male an –
sie lügt – ihr kämet – du warst – es ist – sie koche – er lese vor – sie kochten –
er nehme – wir warfen – ich dürfte – er nimmt – es scheine – er schlafe –
sie hätte – es wäre – ich bin – er verspräche – es habe – sie trank aus – es zeige sich –
sie lagen – sie sitze – er kauft ein – sie wüssten – er bliebe – du konntest –
es passt – er trank aus – er stäche

Präsens	Konjunktiv I	Präteritum	Konjunktiv II

Ü 43 — Bilde von den Verben „haben" und „sein" den Konjunktiv I und den Konjunktiv II in allen Personen!

Konjunktiv I	Konjunktiv II	Konjunktiv I	Konjunktiv II
ich habe	ich hätte		
		er/sie/es sei	er/sie/es wäre

Ü 44 — Setze die Form des Konjunktivs II ein! (In Klammer steht jeweils der Infinitiv.)

1. Wenn sie (Sg.) doch endlich _____. (kommen)
2. Mutter _____ dir dabei helfen. (können)
3. Ihr tut so, als _____ (liegen) es nur an mir.
4. Erika tat so, als ob sie uns nicht _____. (sehen)
5. Das _____ (tun) mir aber leid!
6. Er tut so, als _____ (müssen) er alles allein machen.
7. Ronny _____ (gehen) sicherlich mit, wenn er von der Party _____. (wissen)
8. Renate _____ (sollen) längst fertig sein.
9. Wenn ich so reich _____ (sein), _____ (liegen) ich nur mehr in der Sonne.
10. Sie (Pl.) _____ (sollen) weniger streiten.

Direkte und indirekte Rede

Bei der **direkten Rede** gibst du ein Gespräch **wörtlich wieder**.
Du setzt das Gesagte beim Niederschreiben unter **Anführungszeichen**.
Beispiel: Er sagt: „Ich schreibe gerade meine Hausübung."

Bei der **indirekten Rede** gibst du das Gespräch nicht wörtlich, sondern **dem Sinn** nach wieder.
Das Verb steht im **Konjunktiv I**. Du drückst so aus, dass du nicht deine Meinung, sondern die eines anderen äußerst.
Beispiel: Er sagt, **er schreibe** gerade seine Hausübung.

Bei der Umformung von direkter in indirekte Rede ändert sich das **Pronomen**.

Sie meint: „Ich komme zu spät."
Sie meint, **sie** komme zu spät.

Unterscheidet sich Konjunktiv I vom Indikativ nicht, wird in der **indirekten Rede** der **Konjunktiv II verwendet**.

Sie sagt, ich singe falsch. (ich singe – Indikativ und Konjunktiv I sind gleich.)
Sie sagt, ich sänge falsch. (Konjunktiv II)

Ü 45

Wandle die direkte Rede in indirekte Rede um! Unterstreiche die Konjunktivformen! Achte auf die Änderung der Pronomen und schreibe diese in Farbe!

1. Er flüstert: „Es läutet in fünf Minuten."
   Er flüstert, es <u>läute</u> in fünf Minuten.

2. Sie behauptet: „Mein Fahrradschloss ist kaputt."
   _____

3. Daniela meint: „Ich gebe mein Schularbeitsheft schon ab."
   _____

4. Tobias berichtet mir enttäuscht: „Sie trifft sich heute mit Benno."
   _____

5. Onkel Thomas bietet uns an: „Ich borge euch mein neues Auto."
   _____

6. Ronald verkündet: „Sie ruft mich bestimmt an!"
   _____

7. Der Gast beschwerte sich: „Ich warte schon sehr lange auf meine Bestellung!"
   _____

8. Bernhard jubelte: „Ich freue mich über meinen neuen Fußball."
   _____

9. Der Filialleiter versprach mir: „Ich werde Sie wegen des Ferialjobs anrufen."
   _____

Indirekte Rede kannst du auch mit „dass-Sätzen" ausdrücken.

Er sagt, er **schreibe** seine Hausübung.
Er sagt, **dass** er seine Hausübung **schreibe**.

Ü

46

Wandle die direkten Reden aus Übung 45 in „dass-Sätze" um!

1. Er flüstert, es läute in fünf Minuten. **Er flüstert, dass es in fünf Minuten läute.**

2. Sie behauptet, dass _____

3. _____

4. _____

5. _____

6. _____

7. _____

8. _____

9. _____

Ist die direkte Rede ein Fragesatz, musst du die indirekte Rede als **„ob-Satz"** formulieren!

Ich frage ihn: „Schreibst du deine Hausübung?"
Ich frage ihn, **ob** er seine Hausübung **schreibe**.

Ü

47

Ändere die Fragesätze, die in direkter Rede stehen, in indirekte Reden um!
Unterstreiche die Konjunktivformen!

1. Karl fragt seinen Bruder: „Borgst du mir dein Skateboard?"
   _____

2. Gerhard fragt ihn : „Parkst du mit deinem Auto im Hof?"
   _____

3. Sanja fragt uns: „Kommt ihr auch mit ins Kino?"
   _____

4. Vicky fragte ihn: „Bringst du mir auch eine Wurstsemmel mit?"
   _____

5. Patrick fragte mich: „Willst du meine Nachspeise essen?"
   _____

Das Verb – auf einen Blick

Verbformen	deutsche Bezeichnung	Beispiele
Finite Verbform	bestimmte Verbform/ Personalform	(ich) geh-e (er) geh-t
Infinite Verbformen Infinitiv 1. Partizip 2. Partizip	unbestimmte Verbformen: Nennform Mittelwort der Gegenwart Mittelwort der Vergangenheit	gehen gehend gegangen
Verbarten		
Vollverben	Hauptzeitwörter	gehen, schreiben …
Hilfsverben	Hilfszeitwörter	haben, sein, werden
Modalverben	Hilfszeitwörter der Aussage	dürfen, können, wollen, sollen, müssen, mögen
Modifizierende Verben	„abändernde" Zeitwörter	meinen, scheinen, gedenken, vermögen …
Funktionen		
<u>**Tempus:**</u> **Präsens** **Präteritum** **Perfekt** **Plusquamperfekt** **Futur I** **Futur II**	<u>**Zeitform:**</u> Gegenwart Mitvergangenheit Vergangenheit Vorvergangenheit Zukunft Vorzukunft	er geht/es regnet er ging/es regnete er ist gegangen/es hat geregnet er war gegangen/es hatte geregnet er wird gehen/es wird regnen er wird gegangen sein/ es wird geregnet haben
<u>**Verhaltensrichtung:**</u> **Aktiv** **Passiv** Vorgangspassiv Zustandspassiv	Tätigkeitsform „Leideform"	Der Bub zerreißt das Buch. Das Buch wird zerrissen. Das Buch ist zerrissen.
<u>**Modus:**</u> **Indikativ** **Konjunktiv** 1. Konjunktiv 2. Konjunktiv **Imperativ**	<u>**Aussageweise:**</u> Wirklichkeitsform Möglichkeitsform Befehlsform	Er schreibt einen Brief. Er sagt, er schreibe einen Brief. Wenn er doch einen Brief schriebe! Schreib einen Brief!

Großer Schlusstest zum Verb

Ü 48

Ordne folgende Verben nach starken, schwachen und gemischten Verben!
Bilde die Stammformen, dann kannst du die Verben leicht einordnen!

denken – meinen – sitzen – bringen – klopfen – legen – lesen – verdrängen –
wissen – reden – bitten – arbeiten – turnen – senden – setzen – schneiden –
graben – fallen – verbrennen

starke Verben: _____

schwache Verben: _____

gemischte Verben: _____

Ü 49

Wandle die direkten Reden in indirekte Reden um!
Achte auf die Konjunktivbildung und auf die Änderung des Pronomens!

1. Monika erzählt ihrer Freundin: „Ich verreise morgen mit meinem Freund."
   _____
   _____

2. Der Radiosprecher meldete: „Die Umfahrungsstraße ist morgen wegen Bauarbeiten gesperrt."
   _____
   _____

3. Hilde telefonierte mit ihrer Tochter: „Ich verlängere meinen Kuraufenthalt um eine Woche."
   _____
   _____

4. Sonja beschwert sich bei Peter: „Ich habe hier lange genug auf dich gewartet."
   _____
   _____

5. Karl meinte: „Ich will mein Taschengeld lieber sparen."
   _____
   _____

Ü 50

Vervollständige die Tabelle!
Setze die Konjunktivformen und das Präteritum jeweils in die 3. Pers. Sg. (er)!

Infinitiv	Konjunktiv I	Präteritum	Konjunktiv II
sein	_____	_____	_____
lesen	_____	_____	_____
schlafen	_____	_____	_____
bringen	_____	_____	_____
können	_____	_____	_____

kommen _____ _____ _____ _____

haben _____ _____ _____ _____

schreiben _____ _____ _____ _____

werden _____ _____ _____ _____

Ü 51 Setze den Konjunktiv II ein! (In Klammer steht jeweils der Infinitiv.)

1. Wenn der Störungsdienst doch endlich _____ (kommen)!
2. Er _____ (können) morgen vielleicht schon den Gipfel erreichen.
3. Er _____ (laufen), wenn er von der Gefahr _____ (wissen).
4. Wenn ich so krank _____ (sein) wie du, _____ (bleiben) ich im Bett.
5. Meine kleine Schwester tat so, als _____ (schlafen) sie bereits.
6. Wir _____ (sollen) uns lieber untersuchen lassen.

Ü 52 Ordne die Verben aus dem Wortkasten in die passenden Zeilen! (Achtung: Doppelnennungen möglich!)

geht – geh – ist gegangen – ginge – gehe – gehst – komme – komm– kommt – kam – käme –
gäbe – gibt – gib – gabst – gebe – gaben – lauft – lauf – liefe – läufst – war gelaufen – laufe

Indikativ: _____

Konjunktiv I + II: _____

Imperativ: _____

Ü 53 Unterstreiche die Verben und gib an, in welchem Modus (Aussageweise) sie stehen!

1. Lauf nicht auf die Straße!
2. Ich finde mein Handy nicht!
3. Es möge doch immer so bleiben.
4. Diesen Sommer trägt die modebewusste Frau kurze Röcke.
5. Gib mir bitte deine Hand!
6. Trag dich hier ein!
7. Könnte er mir mehr geben?
8. Ich dachte, er hätte schon gegessen.
9. Man nehme nur frische Zutaten.
10. Steh doch endlich still!

Ü 54 Schreibe in die Tabelle, welche Aufgabe das Verb im Satz erfüllt!

	Zeitform	A/P	Modus
1. Tanja verbessert die Schularbeit.	Präsens	Aktiv	Indikativ
2. Peter läuft in die Klasse.			
3. Die Schultasche wird gepackt.			
4. Schriebe er mir doch ein SMS!			
5. Wir waren gestern Schuhe kaufen.			
6. Moritz vergaß die Turnbefreiung zu Hause.			
7. Sie wurde von ihm am Küchentisch liegen gelassen.			
8. Wenn er doch endlich käme!			

Ü

55

Unterstreiche das Verb/die Verben im Satz und gib an, um welche Art es sich handelt!
Gib auch an, welche infinite Verbform (Infinitiv, Partizip) jeweils verwendet wurde!

1. Mein Onkel <u>pflegt</u> jeden Tag eine Stunde zu <u>gehen</u>. **modifizierendes Verb, Vollverb/Infinitiv**

2. Er möchte morgen nicht kommen. _____

3. Ist er schon da? _____

4. Kurt hatte seine Turnsachen zu Hause vergessen. _____

5. Möchtest du lieber später darüber reden? _____

6. Du wirst das noch bereuen! _____

7. Es scheint schon zu wirken. _____

8. Marlies darf nicht zu spät nach Hause kommen. _____

9. Der Brief muss heute noch abgeschickt werden. _____

10. Der Bus war gestern zu früh abgefahren. _____

11. Roman konnte heute nicht lange bleiben. _____

12. Die Computermaus wurde ausgetauscht. _____

13. Sabrina wird heute eine Schularbeit schreiben. _____

14. Auch der Altbürgermeister gedachte zur feierlichen Eröffnung zu kommen. _____

15. Das Interview wurde aufgezeichnet. _____

Ü

56

Unterstreiche die Verben in den Sätzen und gib an, in welcher Zeitform sie stehen!
Bestimme auch die Verhaltensrichtung (Aktiv/VP/ZP)!

1. Unsere Handballmannschaft <u>ist</u> freudig <u>begrüßt worden</u>. **Perfekt, VP** _____

2. Letzte Woche ist der vermisste Kater gefunden worden. _____

3. Das Auto war rot lackiert gewesen. _____

4. Seine Schritte sind immer größer geworden. _____

5. Dieser Nagel ist von mir eingeschlagen worden. _____

6. Das Zimmer war schon aufgeräumt gewesen. _____

7. Die Kassa wird vom Chef persönlich überprüft werden. _____

8. Die Kinder werden am Weltspartag ihre Ersparnisse einzahlen. _____

9. Er wird sich sicherlich getäuscht haben. _____

Achtung – fehlerhafte Sätze!
Streiche das falsche Wort durch und ersetze es durch das richtige!

1. Die Klavierlehrerin ermahnt Gabi, ich müsse mehr üben.

2. Die Ärztin verordnete dem Kranken, er darf nur mit Krücken gehen.

3. Der Trainer rät seiner Mannschaft, sie soll aggressiver spielen.

**Unterstreiche die Hilfsverben und Modalverben! Markiere die Vollverben!
Bestimme Person, Zahl (Sg./Pl.), Zeitform, Modus (Indikativ, Konjunktiv, Imperativ) und
Verhaltensrichtung (Aktiv/VP/ZP)!**

1. Ich <u>bin</u> **geimpft** <u>worden</u>.   **1. Pers., Sg., Perfekt, Indikativ, VP**

2. **Stellt** die Sessel auf den Tisch!   **Imperativ, Pl.**

3. Der Schlitten wurde gezogen.   _____

4. Der Rasen ist bereits gemäht.   _____

5. Der Gärtner hatte die Hecke geschnitten.   _____

6. Die Turmuhr war damals schon repariert gewesen.   _____

7. Der Spieler wurde schwer gefoult.   _____

8. Er nehme drei Tropfen täglich.   _____

9. Komm schnell herein!   _____

10. Dagmar will unbedingt mit der Bahn fahren.   _____

11. Mein Zeugnis wird dieses Semester gut ausfallen.   _____

12. Der Schauspieler ist geehrt worden.   _____

**Unterstreiche in der Geschichte „Küchenchef 2" alle Verben (Prädikate) und markiere die
Konjunktivformen! Schreibe die Verben in die angeführte Tabelle und ordne sie dabei nach
Vollverben, Hilfsverben, Modalverben und modifizierenden Verben!**

Küchenchef 2

Sehr motiviert und zum Kochen bereit, erschienen Daniel und ich zur ersten Kochstunde.
Nach einer kurzen theoretischen Einführung in die „Küchengeheimnisse" kamen wir endlich
zum praktischen Teil – nämlich zur Suppe.
Jede der vier Gruppen bekam von unserer Kochlehrerin die Aufgabe, eine Suppe zu kochen.
Bei einer abschließenden Verkostung sollte die beste ausgezeichnet werden.
Daniel und ich waren in der Gruppe, die Rindsuppe mit Frittateneinlage zubereiten durfte. Es
schien alles sehr einfach zu gehen: Suppe kochen, Palatschinken machen, Frittaten schneiden,
in eine Schüssel schütten, fertig!
Selbstsicher räumten wir das Kochgeschirr aus dem Schrank und jonglierten mit Sieb und
Suppenschöpfern wie die coolen Fernsehköche.
Wir ließen die Eier über die Arbeitsplatte rollen und benutzten die Schneerute – wie ein
Mikrofon – für wichtige Durchsagen.
Sebastian und Sonja, die beiden sollten die Frittaten backen, schüttelten fassungslos ihre
Köpfe.
Es war vielleicht ein kleiner Fehler, dass wir unserer Lehrerin nur beiläufig zuhörten und lieber
coole Sprüche klopften.
Es schien überaus einfach zu sein, dieses Büschel Gemüse zu putzen und dann mit Salz, einem
Stückchen Rindfleisch und ein paar Knochen im Wasser zu kochen.
Die bald preisgekrönte Suppe köchelte und Daniel und ich unterhielten, besser gesagt, nervten
die anderen währenddessen mit Hip-Hop- und Rap-Gesang.
Elegant warf ich meinem Kochgehilfen den großen Seiher zu und dieser hielt ihn lässig mit
einer Hand über das Waschbecken. Schnell leerte er den Inhalt des Suppentopfes in den
Seiher.

Das Wurzelgemüse, die Rindsknochen und das kleine Stückchen Fleisch purzelten ins Sieb.
Wir klatschten mit den Handflächen zusammen. So einfach konnte also Kochen sein.
Als uns aber unsere Lehrerin nach der Suppe fragte, wurden wir beide bleich vor Schreck. Am
liebsten wäre ich in den Ausguss des Waschbeckens gesprungen und hätte die Suppe heraus-
gepumpt.
Daniel zeigte ins Waschbecken und auf das volle Sieb. Er stammelte nur, er habe die Suppe
hier hineingeleert und wolle …
„Echt cool", unterbrach ihn Sonja, „zwei wahre Küchenchefs!"
„Habt ihr euch das im Fernsehen bei Dick und Doof abgeschaut?", rappte Sebastian.
Dass unsere Suppe nicht den ersten Platz bekommen hat, muss ich nicht ausdrücklich
erwähnen. Aber echt erniedrigend war, dass wir die ausgekochten Zutaten unter dem
Gelächter der anderen nochmals kochen und dann dieses „heiße Wasser" mit Frittaten
zum Verkosten servieren mussten.

Vollverben	
Hilfsverben	
Modalverben	
modifizierende Verben	

Kompetenz-Check

Das kann ich jetzt!

Kreuze an, was zutrifft! Falls du dich bei dem einen oder anderen Punkt noch nicht sicher fühlst, blättere nochmals zurück und wiederhole diesen Abschnitt!

	Ich kann ...	Falls ich noch unsicher bin, kann ich hier nachschlagen:
☐	... die Wortarten nennen und Beispiele dazu geben.	S. 6
☐	... Verben nach ihrer Beugung in starke, schwache und gemischte Verben ordnen.	S. 7, 34
☐	... die Stammformen des Verbs bilden.	S. 8
☐	... finite und infinite Verbformen erkennen.	S. 9
☐	... finite Verbformen (Infinitiv, 1. und 2. Partizip) unterscheiden und bilden.	S. 9, 10
☐	... Verbarten (Vollverb, Hilfsverb, Modalverb, modifizierendes Verb) erkennen und unterscheiden.	S. 11, 12, 13, 14, 15, 36, 37, 38
☐	... Modalverben und modifizierende Verben nennen und richtig verwenden.	S. 12, 13
☐	... die drei Zeitstufen und sechs Zeitformen des Verbs nennen, unterscheiden und bilden.	S. 15, 16, 22
☐	... Verben in alle Zeitformen setzen.	S. 17, 18, 19
☐	... das Zusammenspiel der Zeitformen erklären und anwenden.	S. 20
☐	... Futur I und Futur II bilden und richtig verwenden.	S. 21
☐	... die Verhaltensrichtung (Aktiv – Passiv) von Sätzen unterscheiden.	S. 22
☐	... Vorgangspassiv und Zustandspassiv unterscheiden und bilden.	S. 23, 24, 25, 36
☐	... alle Zeitformen im Aktiv und Passiv ausdrücken.	S. 23, 24, 25, 26
☐	... die Aussageweisen (Wirklichkeitsform, Möglichkeitsform, Befehlsform) erkennen und bilden und weiß, wie sie verwendet werden.	S. 26, 27, 28
☐	... Konjunktiv I und Konjunktiv II bilden und in indirekter Rede richtig verwenden.	S. 27, 28, 29, 30, 31, 34, 35
☐	... direkte und indirekte Rede unterscheiden und weiß, wie ich die indirekte Rede bilde.	S. 31, 32
☐	... den Konjunktiv bei indirekter Rede (dass-Sätze, Fragesätze) richtig verwenden.	S. 32
☐	... die Merkmale von Verben (Form, Funktion, Verhaltensrichtung, Aussageweise) nennen und Beispiele dazu geben.	S. 33, 35

Das Nomen

Nomen bezeichnen **Lebewesen und Gegenstände**. Man nennt diese **Konkreta**.
z. B. Mensch, Luft, Auto

Nomen können auch **Nichtgegenständliches und Begriffe** bezeichnen.
Sie nennt man **Abstrakta**.
z. B. Seele, Freundschaft, Jahr, Deutsch

Nomen werden immer mit **großem Anfangsbuchstaben** geschrieben und können von einem
Artikel begleitet werden.

Ordne die folgenden Nomen der richtigen Bedeutungsgruppe zu!

Sand – Schulhaus – Klugheit – Mathematik – Liter – Käse –
Stadt – Spaß – Gewässer – Gas – Ruhe – Glas – Geborgenheit – Stunde –
Freude – Riese – Härte – Drache – Wolke

Konkreta: _____

_____

Abstrakta: _____

_____

Genus und Numerus

Nomen haben ein **Geschlecht** (Genus). Es wird durch den Artikel angezeigt:
der – **männlich** (Maskulinum), die – **weiblich** (Femininum), das – **sächlich** (Neutrum).
z. B. der Mann (männlich), die Frau (weiblich), das Kind (sächlich)

Bei zusammengesetzten Nomen (Bestimmungswort + Grundwort) ist das **Grundwort** für das
Geschlecht **ausschlaggebend**.

Bestimmungswort   +   Grundwort   =   zusammengesetztes Nomen
    die Schule   +   **das** Gebäude   =   **das** Schulgebäude

Bilde aus den Nomen Zusammensetzungen und setze den Artikel davor!
Bestimme das Geschlecht!

1. Schüler + Versammlung =

2. Geld + Börse =

3. Kinder + Buch + Autor =

4. Heft + Umschlag =

5. Tafel + Schwamm =

6. Blumen + Beet =

Der Numerus (**Zahl**) gibt an, ob das Nomen im **Singular** (Einzahl) oder im **Plural** (Mehrzahl) steht. Die Kennzeichnung erfolgt durch den **Artikel** (Begleiter) und durch die **Pluralendung**.

z. B. **der** Mann – **die** Männ**er**, **die** Frau – **die** Frau**en**, **das** Kind – **die** Kind**er**

Manche Nomen gibt es nur als Einzahlwörter, manche nur als Mehrzahlwörter!
Einzahlwörter: Laub, Milch, Armut, Dank, Obst
Mehrzahlwörter: Ferien, Masern, Geschwister, Leute, Kosten

Die Deklinationen – auf einen Blick

Je nach Art der Formveränderung in den Fällen unterscheidet man zwischen **starker, schwacher** und **gemischter Deklination** (Beugung).

Fall (Kasus)	Frage	Singular (Einzahl)	Plural (Mehrzahl)
1. Fall (Nominativ)	Wer oder was?	**der** Baum	**die** Bäume
2. Fall (Genitiv)	Wessen?	**des** Baumes	**der** Bäume
3. Fall (Dativ)	Wem?	**dem** Baum	**den** Bäumen
4. Fall (Akkusativ)	Wen oder was?	**den** Baum	**die** Bäume
1. Fall (Nominativ)	Wer oder was?	**die** Pflanze	**die** Pflanzen
2. Fall (Genitiv)	Wessen?	**der** Pflanze	**der** Pflanzen
3. Fall (Dativ)	Wem?	**der** Pflanze	**den** Pflanzen
4. Fall (Akkusativ)	Wen oder was?	**die** Pflanze	**die** Pflanzen
1. Fall (Nominativ)	Wer oder was?	**das** Blatt	**die** Blätter
2. Fall (Genitiv)	Wessen?	**des** Blattes	**der** Blätter
3. Fall (Dativ)	Wem?	**dem** Blatt	**den** Blättern
4. Fall (Akkusativ)	Wen oder was?	**das** Blatt	**die** Blätter

Starke Beugung erkennst du an der **Endung des 2. Falles**.

1. Fall Singular	2. Fall Sg./Endung	2. Fall Pl./Endung
der Tag (männlich)	des Tages/**-es**	der Tage/**-e**
der Mann (männlich)	des Mannes/**-es**	der Männer/**-er**
der Sessel (männlich)	des Sessels/**-s**	der Sessel/**–**
das Haus (sächlich)	des Hauses/**-es**	der Häuser/**-er**
die Hand (weiblich)	der Hand/**–**	der Hände/**Umlaut**

Kennzeichen starker Beugung sind:
Endung im Genitiv Sg.: -s/-es
Endung im Genitiv Pl.: -e/-er

Schwache Beugung erkennst du an der **Endung des 2. Falles:**

1. Fall Singular	2. Fall Sg./Endung	2. Fall Pl./Endung
die Frau (weiblich)	der Frau/–	der Frauen/**-en**
der Graf (männlich)	des Grafen/**-en**	der Grafen/**-en**

Kennzeichen schwacher Beugung sind:
Endung im Genitiv Sg.: –/-en
Endung im Genitiv Pl.: -en

Eine **gemischte Beugung** erkennst du daran, dass im **Singular eine starke Beugung** und im **Plural eine schwache Beugung** vorliegt.
Beispiel: des Aug**es**/der Aug**en**

        ↓   ↓
    stark schwach

Bei **maskulinen** und **femininen** Nomen gibt es **keine gemischte Beugung.**
Bei **Nomen im Neutrum** gibt es **keine schwache Beugung.**

Ü 62

Schreibe die Nomen mit ihrem bestimmten Artikel in die richtige Zeile!

Mensch – Garten – Student – Palme – Hund – Mädchen –
Gast – Band – Nacht – Kur – Buchstabe – Bett

starke Beugung: _____

schwache Beugung: _____

gemischte Beugung: _____

Die Deklination (Beugung) des Nomens in einem bestimmten Fall richtet sich nach seiner **Funktion im Satz** (Subjekt, Objekt, adverbielle Bestimmung).

Fall	Fragewort	Beispiel
1. Fall (Nominativ)	Wer oder was?	**Das Kind** schreibt seine Hausübung. **Wer oder was** schreibt seine Hausübung?
2. Fall (Genitiv)	Wessen?	Er wird **des Diebstahls** beschuldigt. **Wessen** wird er beschuldigt?
3. Fall (Dativ)	Wem?	Ich helfe **meinem Nachbarn.** **Wem** helfe ich?
4. Fall (Akkusativ)	Wen oder was?	Sie nimmt **den Tafelschwamm.** **Wen oder was** nimmt sie?

Gib an, in welchem Fall die unterstrichenen Nomen (+ Begleiter) stehen!
Schreibe das Fragewort dazu!

63

1. Ich begegne <u>dem Schulwart</u>.   **Wem? 3. Fall** _____

2. Ich fange <u>den Ball</u>.   _____

3. Ihr glaubt <u>dem Jungen</u> nicht.   _____

4. Du kauftest dir gestern <u>eine Zeitung</u>.   _____

5. <u>Das Buch</u> wird nicht mehr gedruckt.   _____

6. Wir üben <u>das Maschinschreiben</u>.   _____

7. Sie vertrauen <u>dem Arzt</u>.   _____

8. Er wird <u>des Verbrechens</u> angeklagt.   _____

9. <u>Unser Hund</u> darf nicht ins Schlafzimmer.   _____

10. Er gibt <u>dem Freund</u> die Hand.   _____

Dativ und Akkusativ

Erinnere dich: Wichtig ist die Unterscheidung zwischen Dativ (3. Fall) und Akkusativ (4. Fall).

Als Hilfe kannst du die **Ersatzwörter** nehmen:
mir ⟶ 3. Fall (Wem?)
mich ⟶ 4. Fall (Wen oder was?)

Ich sehe **den Freund**. **Wen oder was? Akkusativ**
Ich sehe **mich** im Spiegel. **Wen oder was? Akkusativ**

Ich helfe **dem Freund**. **Wem? Dativ**
Sie hilft **mir**. **Wem? Dativ**

Setze die richtige Fallendung ein! Schreibe den Fall und das Ersatzwort in Klammer!

64

1. Der Verkäufer grüßt de___ Kund___. (_____)

2. Der Botendienst bringt de___ Mann die bestellte Ware.
(_____)

3. Die Großeltern schenken de___ Enkelsohn de___ versprochenen Computer.
(_____)

4. Die Verliebte schreibt de___ Verlobte___ eine___ Liebesbrief.
(_____)

5. Der Hund erkannte seine___ Herrn sofort. (_____)

6. Gib mir bitte de___ Dosenöffner! (_____)

7. Sie glaubt ihre___ Freund. (_____)

8. Er borgt de___ Nachbarn de___ Rasenmäher. (_____)

9. Wir versprechen de___ Kindern eine___ Kinobesuch. (_____)

10. Der Lehrer fragte de___ Schüler nach der Hausübung. (_____)

Bildung von Nomen

Viele Nomen werden aus Verben, Adjektiven oder aus anderen Nomen gebildet.

Es wird eine Endung hinzugefügt:
-heit, -keit, -igkeit, -ung, -nis, -tum, -ling, -ur, -schaft ...

erfinden **(Verb)**: die Erfind**ung**
krank **(Adjektiv)**: die Krank**heit**
Taufe **(Nomen)**: der Täuf**ling**

Bilde aus folgenden Wörtern Nomen, indem du eine der Endungen verwendest!
Führe in Klammer an, aus welcher Wortart du das Nomen ableitest!

65

Wortart	Nomenbildung	Wortart	Nomenbildung
verloben (Verb)	Verlob**ung**	gesund ( )	Gesund
langsam ( )	Langsam		Gesund
korrekt ( )	Korrekt	Leser ( )	Leser
	Korrekt	übertreten ( )	Übertret
prüfen ( )	Prüf	gültig ( )	Gültig
	Prüf	heil ( )	Heil
wirken ( )	Wirk		Heilig , Heil
tätig ( )	Tätig	beerdigen ( )	Beerdig
Pate ( )	Paten	König ( )	König
frisieren ( )	Fris	zeugen ( )	Zeug
fremd ( )	Fremd		Zeug
	Fremd	Arbeiter ( )	Arbeiter
neu ( )	Neu	wandern ( )	Wander
	Neu , Neu		Wander

Nomen können aber auch aus Verben und Adjektiven **gebildet werden**, wenn Folgendes zutrifft:

- Steht ein **Artikel** vor dem Verb (Infinitiv) oder Adjektiv, wird dieses zu einem Nomen.
  singen, buchstabieren (Verben): **das S**ingen, **das B**uchstabieren
  fleißig, roh (Adjektive): **der/die F**leißige, **das R**ohe

- Steht **kein Artikel** vor dem Verb (Infinitiv) oder Adjektiv, **könnte aber einer eingefügt**
  werden, schreibst du es auch groß.
  Lesen und **S**chreiben sind sehr wichtig. **Das L**esen und **das S**chreiben ...
  Fleißige und **E**ifrige werden es schaffen. **Die F**leißigen und **die E**ifrigen ...

- Wenn **unbestimmte Zahlwörter (einiges, alles, etwas, nichts, viel, wenig)** vor Adjektiven
  stehen, werden sie zu Nomen.
  etwas Groß**es, alles L**ieb**e, viel E**rfreulich**es** ...

Adjektive, die zu Nomen werden, weil ein unbestimmtes Zahlwort davor steht, haben die Endung **-es** oder **-e.**

- In Verbindung mit den **Vorwörtern** (**beim, im, vom, zum, am**) schreibt man den Infinitiv von Verben groß, weil ein **versteckter Artikel im Vorwort** enthalten ist.
  beim = bei dem, im = in dem, vom = von dem, zum = zu dem, am = an dem
  zum Schreiben, **beim** (langen) **W**arten, **im G**ehen, **vom** (kalten) **T**rinken ...

- Steht ein **Pronomen** vor dem Verb (Infinitiv), wird es zum Nomen.
  sein (lautes) **W**einen, **ihr** (langes) **S**chweigen, **unser** (gemeinsames) **S**ingen ...

Achtung! Nicht betroffen von der Großschreibung sind Ergänzungen (Attribute).
Zur Probe: Wenn du dieses Wort (Attribut) weglassen kannst, schreibst du es klein.
sein (**lautes**) Weinen, welches Weinen? ⟶ **Attribut**

Forme folgende Verben so um, dass sie durch die angeführten Begleiter zu Nomen werden!

Ü 66

Verb (Infinitiv)	Verb mit Artikel	mit verstecktem Artikel	mit Pronomen
anschreiben:	**das A**nschreiben	**beim A**nschreiben	**sein A**nschreiben
ertragen:		zum (besseren)	sein (geduldiges)
aufbauen:		zum (schnelleren)	dein (geplantes)
trinken:	das (hastige)	beim	sein (vieles)
rechnen:	das (schnelle)	zum	dein (kompliziertes)
kochen:	das (tägliche)	beim	mein (aufwendiges)
demonstrieren:		zum (langen)	sein
sitzen:	das (lange)	im	ihr (langes)
umstellen:		zum	sein (schnelles)

Forme jedes der angeführten Adjektive so um, dass es mit dem unbestimmten Zahlwort davor zu einem Nomen wird! Achte auf die Endung!

Ü 67

Adjektiv	Zahlwort + Adjektiv
vieles ist für ihn ungewohnt	**viel U**ngewohnt**es**
manches ist uns vertraut	manches
etwas ist uns unangenehm	
nichts ist essbar	
wenig war verwendbar	
alles ist rein	
vieles war unverständlich	
einiges war verdorben	

Ü 68

Schreibe folgenden Text in Schreibschrift ab und unterstreiche die durch Nominalisierung großgeschriebenen Verben und Adjektive!
Achte auf die Begleiter und Zahlwörter und unterstreiche sie ebenfalls!
(Achtung: SS kann ß werden!)

Tante Frieda räumt auf (Teil 1)

ALS MEINE ELTERN VOR EINIGER ZEIT AUS BERUFLICHEN GRÜNDEN VERREISEN MUSSTEN, ERKLÄRTE SICH DIE SCHWESTER MEINES VATERS, TANTE FRIEDA, SOFORT BEREIT, AUF MICH UND MEINE SCHESTER AUFZUPASSEN.

MEINE ACHTJÄHRIGE SCHWESTER LISA FREUTE SICH ÜBER DIE WILLKOMMENE ABWECHSLUNG. MIR BLIEB AUCH NICHTS ANDERES ÜBRIG, ALS MICH „ZU FREUEN", DENN MEINE ELTERN „ERPRESSTEN" MICH MIT DEM VERSPRECHEN, MIR DIE NEUE „PLAYSTATION" ZU SCHENKEN.

DER ERSTE TAG MIT TANTE FRIEDA BRACHTE NICHTS SCHLIMMES. SIE LIESS MICH IN RUHE FERNSEHEN UND AM COMPUTER SPIELEN. NUR MANCHMAL FRAGTE SIE, WO SIE IRGENDWELCHE HAUSHALTSGERÄTE, DIE SIE ZUM PUTZEN UND REINIGEN DES HAUSES BENÖTIGTE, FINDEN KÖNNTE.

AM ZWEITEN TAG HATTE SIE IHRE PUTZ- UND AUFRÄUMWUT SCHON BIS IN MEIN ZIMMER GETRIEBEN. BEIM EINSAMMELN MEINER KLEIDUNGSSTÜCKE VOM FUSSBODEN STÖHNTE SIE KAUM, BEIM STAPELN MEINER ZEITSCHRIFTEN UND SCHULSACHEN ZEIGTE SIE GROSSE GESCHICKLICHKEIT UND AUCH DAS STUNDENLANGE LÜFTEN MEINES ZIMMERS BIS ZU MINUSGRADEN MACHTE IHR KAUM ZU SCHAFFEN.

„TANTE FRIEDA MEINT ES NUR GUT MIT MIR, DENN SIE IST DIE LIEBENSWÜRDIGKEIT IN PERSON! ", BERUHIGTE ICH MICH SELBST UND VERSUCHTE AN DIE NEUE „PLAYSTATION" ZU DENKEN.

ALS IN MEINEM ZIMMER NUN ALLES UNORDENTLICHE NACH TANTE FRIEDAS ORDNUNGSSINN GEORDNET WAR, HOFFTE ICH, DAS ÄRGSTE ÜBERSTANDEN ZU HABEN.

„ICH MUSS NUR MEHR EINEN TAG AUSHALTEN! DAS KOMMEN DER ELTERN IST NAHE!", DACHTE ICH. DOCH ES SOLLTE NOCH SCHLIMMER KOMMEN, DENN AM DRITTEN TAG VON TANTE FRIEDAS AUFENTHALT GESCHAH ETWAS SCHRECKLICHES.

Großer Schlusstest zum Nomen

Ü 69

Stelle fest, welche der angeführten Wörter Nomen sein können!
Unterstreiche sie und schreibe sie mit ihrem bestimmten Artikel auf!

ZUG – ZOG – VERZOGEN – BEZUG – AUFZUG – ZIEH – NAHE – NÄHE –
ANGENÄHERT – ANNÄHERUNG – KAM – ANKUNFT – ANGEKOMMEN – KOMM –
KOMMT – LAUF – LIEF – ANLAUF – ANGELAUFEN – VERLAUF – SING – SANG –
GESANG – GESUNGEN – SINGEND – TAT – TÄTER – GETAN – TUT – TUNLICHST

_____

_____

Ü 70

Dekliniere folgende Nomen und schreibe die Fragewörter in die dazugehörige Spalte!
Gib an, ob es sich um stark, schwach oder gemischt gebeugte Nomen handelt!

Fall (Kasus)	Frage	Singular (Einzahl)	Plural (Mehrzahl)
1. Fall (Nominativ)		der Stamm	die
2. Fall (Genitiv)			
3. Fall (Dativ)			
4. Fall (Akkusativ)			
1. Fall (Nominativ)		die Blume	die
2. Fall (Genitiv)			
3. Fall (Dativ)			
4. Fall (Akkusativ)			
1. Fall (Nominativ)		das Kraut	die
2. Fall (Genitiv)			
3. Fall (Dativ)			
4. Fall (Akkusativ)			

Ü 71

Gib den Kasus (Fall) der unterstrichenen Nomen und ihrer Begleiter an!

1. Karl fragt <u>den Einheimischen</u> nach dem Weg zum Bahnhof. _____
2. Sabine überreicht <u>dem Gewinner</u> <u>den Pokal</u>. _____
3. Sie versprachen <u>den Verunglückten</u> <u>sofortige Hilfe</u>. _____
4. Felix trägt <u>den schweren Sack</u> in den Keller. _____
5. <u>Den Reisenden</u> wünscht <u>der Zöllner</u> <u>gute Fahrt</u>. _____
6. <u>Der Kellner</u> bringt <u>dem Gast</u> <u>die Bestellung</u>. _____
7. <u>Dem Zuspätkommenden</u> wird <u>ein Stuhl</u> angeboten. _____
8. Veronika steckt <u>den Brüdern</u> <u>die Jausenbrote</u> in die Schultaschen. _____
9. <u>Der Bibliothekar</u> nimmt <u>das Buch</u> aus dem Regal. _____
10. Anke schenkt <u>den Nachbarskindern</u> <u>einen Korb voll mit Marillen</u>. _____

Unterstreiche in der Fortsetzung von „Tante Frieda räumt auf" alle Nomen!
Achte auf die Begleiter und Zahlwörter als Erkennungszeichen für die nominalisierten
Adjektive und Verben! Schreibe den Text in Schreibschrift in dein Übungsheft!

Tante Frieda räumt auf (Teil 2)

AM DRITTEN TAG VON TANTE FRIEDAS AUFENTHALT GESCHAH, WIE SCHON ERWÄHNT,
ETWAS WIRKLICH SCHRECKLICHES.

ALS ICH GENERVT VON DER SCHULE NACH HAUSE KAM, HÖRTE ICH DAS RATTERN DER
NÄHMASCHINE AUS DER KÜCHE.

„GUT, DASS SIE SICH NÄHARBEIT GEFUNDEN HAT, SO LÄSST SIE MEINE SACHEN
WENIGSTENS IN RUHE!", DACHTE ICH BERUHIGT.

BEIM NÄHERKOMMEN SAH ICH, DASS FRIEDA HEFTIG MIT EINER JEANSHOSE KÄMPFTE,
MIT MEINER JEANSHOSE.

STOFFFRANSEN LAGEN AM BODEN, EIN HOSENBEIN WURDE GERADE GEENDELT. ICH WAR
DEN TRÄNEN NAHE. DIESE FRAU ZERSTÖRTE GERADE DAS WERK EINES GANZEN JAHRES.
SO LANGE HATTE ES NÄMLICH GEDAUERT, BIS MEINE SKATERHOSE SO COOL AUSSAH,
WIE ICH SIE AM MORGEN VERLASSEN HATTE.

STRAHLEND VOR FREUDE BERICHTETE MIR TANTE FRIEDA: „ICH HABE DIESE VIEL ZU
LANGE, AUSGEFRANSTE HOSE GEKÜRZT UND GEFLICKT. ICH BIN SOFORT FERTIG! SIE
LIEGT GLEICH ZUM ANZIEHEN BEREIT!"

LÄCHELND ERWARTETE SIE DANK UND ANERKENNUNG, DOCH ICH TAUMELTE WORTLOS
IN MEIN ZIMMER.

ICH HÄTTE NIE GEDACHT, DASS ICH MICH ÜBER DAS HEIMKOMMEN MEINER ELTERN SO
FREUEN WÜRDE.

ICH FREUTE MICH NATÜRLICH AUCH ÜBER DIE VERSPROCHENE „PLAYSTATION", ABER SIE
HALF MIR NICHT ÜBER DIE ZERSTÖRUNG MEINER LIEBLINGSHOSE HINWEG.

Kompetenz-Check

Das kann ich jetzt!

Kreuze an, was zutrifft! Falls du dich bei dem einen oder anderen Punkt noch nicht sicher
fühlst, blättere nochmals zurück und wiederhole diesen Abschnitt!

	Ich kann ...	Falls ich noch unsicher bin, kann ich hier nachschlagen:
☐	... Nomen erkennen, Geschlecht und Zahl bestimmen und zwischen Konkreta und Abstrakta unterscheiden.	S. 40, 47
☐	... starke, schwache und gemischte Beugung (Deklination) beim Nomen erkennen.	S. 41, 42
☐	... Nomen deklinieren (beugen) und nach den vier Fällen richtig fragen.	S. 41, 42, 47
☐	... Dativ und Akkusativ unterscheiden und Ersatzwörter (mir/mich) zu Hilfe nehmen.	S. 43
☐	Nominalisierung von Verben und Adjektiven aufgrund von Signalwörtern/Erkennungszeichen (Artikel, Vorwort, Zahlwort, Pronomen) erkennen.	S. 44, 45, 46, 48

Die Pronomen

Personalpronomen

Personalpronomen (persönliche Fürwörter) sind **Stellvertreter des Nomens**.

der Hund = **er**   **Peter** geht einkaufen. ⟶ **Er** geht einkaufen.
die Katze = **sie**
das Pferd = **es**   **Das Pferd** gehört <u>Sabrina</u>. ⟶ **Es** gehört <u>ihr</u>.

Bei der **persönlichen Anrede** unterscheidet man die **vertraute Form** (**du/Du, dein/Dein, dich/Dich, euer/Euer** ...), die in der Regel mit kleinem Anfangsbuchstaben geschrieben wird. **In Briefen** kann die vertrauliche Anrede auch großgeschrieben werden. Die **höfliche Form** (**Sie, Ihnen, Ihr** ...) wird immer mit großem Anfangsbuchstaben geschrieben.

Ich bitte **dich** um **deine** Hilfe. Ich bitte **Sie** um **Ihre** Hilfe.
Brief: Ich schicke **dir/Dir** liebe Grüße. Ich danke **Ihnen** für **Ihr** Schreiben.

Personalpronomen–auf einen Blick

1. Person		2. Person		3. Person		
Singular		**vertraulich**	**höflich**			
1. Fall	ich	du	Sie	er	sie	es
2. Fall	meiner	deiner	Ihrer	seiner	ihrer	seiner
3. Fall	mir	dir	Ihnen	ihm	ihr	ihm
4. Fall	mich	dich	Sie	ihn	sie	es
Plural		**vertraulich**	**höflich**			
1. Fall	wir	ihr	Sie	sie		
2. Fall	unser	euer	Ihrer	ihrer		
3. Fall	uns	euch	Ihnen	ihnen		
4. Fall	uns	euch	Sie	sie		

Ü 73

Felix Mitterer erzählt in seinem Roman „Superhenne Hanna" von einem neunundneunzig Jahre alten, blitzgescheiten Huhn, das nicht nur sprechen, sondern auch schreiben kann. Hanna sieht eines Tages die schreckliche Tierquälerei in einer Legebatterie. Von nun an setzt sie sich mithilfe zweier Kinder für ihre leidenden Artgenossinnen ein und fasst einen Plan, wie sie die armen Legehennen aus ihrem Gefängnis befreien kann. Zuerst aber schreibt sie einen Brief an eine Tageszeitung, um die Öffentlichkeit zu informieren. Hanna schreibt den Brief in vertrauter Anrede. Ändere ihn in höfliche Anrede um! Schreibe in dein Übungsheft!

Sehr geehrte Zeitung!

Sei so gut und bringe das, was hier steht, in deiner nächsten Ausgabe. Ich möchte einmal dagegen protestieren, was man mit meinen Schwestern, den Hühnern, aufführt. Die werden in den Legefabriken, in den „Legebatterien", in winzig kleine Käfigboxen gesperrt, können sich kaum rühren, dürfen nicht im Freien herumlaufen, sehen ihr Lebtag keine Sonne und kein Gras und keine Bäume und überhaupt nichts. Nur Eier legen müssen sie, fressen und Eier legen, ihr ganzes kurzes Leben lang. Ist das etwa in Ordnung? So etwas dürft ihr Menschen nicht mit uns machen! Ihr könnt ja ruhig unsere Eier haben, wenn sie euch schmecken, aber ihr sollt uns schon ein wenig besser behandeln. Das, was ihr hier macht, ist Tierquälerei! Schämt euch! Außerdem seid ihr euch anscheinend nicht im Klaren darüber, dass die Eier der Hühner aus den Batteriekäfigen viel schlechter sind als die Eier der freien Hühner. Nicht nur, dass ihr kein Herz habt, ihr habt auch keinen Geschmack mehr. Sehr traurig! Das wollte ich euch einmal gesagt haben.

Hochachtungsvoll
Henne Hanna

(Aus: Felix Mitterer: Superhenne Hanna.15., neu überarbeitete Auflage. Wien G&G 2003. S. 63f)

Possessivpronomen

Das Possessivpronomen (besitzanzeigende Fürwort) steht **vor einem Nomen** und zeigt an, wem was gehört.
Es ist **Begleiter des Nomens** und **stimmt in Fall, Zahl und Geschlecht mit ihm überein** (wie ein Adjektiv).
Beispiele: **mein** Hund, **deine** Katze, **unser** Pferd

Achte auf die höfliche Form!
Beispiel: Parken Sie **Ihr** Auto bitte woanders!

Possessivpronomen – auf einen Blick

	Singular	Plural
1. Person	mein	unser
2. Person	dein	euer
3. Person	sein ihr sein	ihr

Ergänze die fehlenden Possessivpronomen! (Sie sollen zum Subjekt passen.)

Ü 74

1. Ich lese **meinen** Aufsatz lieber noch einmal durch.
2. Die Zuseher haben _____ Meinung geäußert.
3. Auch du musst _____ Pflicht erfüllen!
4. Der Vater weist _____ Kind an der Hand.
5. Sie konnte sich an _____ Zusage nicht mehr erinnern.
6. Wir werden _____ gemeinsamen Urlaub nie vergessen.
7. Er hat schon wieder _____ Schirm vergessen.
8. Ihr habt _____ Auto falsch geparkt.
9. Sie hat _____ Ausweis verloren.
10. Die Wähler haben _____ Stimmen abgegeben.
11. Sehr geehrte Damen und Herren, Sie haben jetzt Gelegenheit, _____ Anfragen an die Frau Bürgermeisterin zu richten.

Demonstrativpronomen

Demonstrativpronomen (hinweisende Fürwörter) **weisen auf etwas hin**.
Sie können **vor einem Nomen** oder **statt eines Nomens** stehen.

dieser, diese, dieses; jener, jene, jenes; derjenige, diejenige, dasjenige;
derselbe, dieselbe, dasselbe; solcher, solche, solches
der, die, das – Im Unterschied zum Artikel weisen sie ganz besonders auf etwas oder jemanden
hin, z. B. an **dem** Platz dort, **das** da …

Beispiele:
Nimm **diesen** Puzzleteil!
Dies ist **der** Hit des Jahres!
Ich glaube **das** nicht!
Borge mir bitte **solche** Stifte! **Jene** hier schreiben nicht mehr.
Derselbe Hund streunte gestern schon hier herum.

Unterstreiche jeweils das Demostrativpronomen!

1. Solche Schuhe habe ich in Braun.
2. Diese Sendung über Wale habe ich schon einmal gesehen.
3. Derselbe Mann war bereits Gast in einer anderen Talkshow.
4. Diejenigen, die eine Bestätigung haben, dürfen früher nach Hause gehen.
5. Er hatte dieselbe Geschichte schon einmal erzählt.
6. Setze dich doch auf diesen freien Sitzplatz!
7. Das ist doch die Höhe!

Relativpronomen

Das Relativpronomen (bezügliche Fürwort) leitet einen **Attributsatz** (Beifügesatz – Was für ein?)
ein und **bezieht sich meist auf ein Nomen** des übergeordneten Satzes.

der, die, das – in allen grammatikalischen Fällen
welcher, welche, welches; wer, was

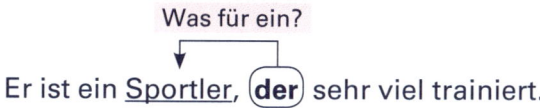

Er ist ein <u>Sportler</u>, (**der**) sehr viel trainiert.

„Superhenne Hanna" ist <u>ein Buch</u>, (**welches**) von Jugendlichen gerne gelesen wird.

Er ist <u>ein Schüler</u>, auf (**den**) man sich verlassen kann.

Es ist <u>das Beste</u>, (**was**) dir passieren konnte.

Füge das fehlende Relativpronomen ein und zeichne einen Pfeil zum Nomen, auf das es sich bezieht!

1. Das ist nicht die Schülerin, _____ ich gestern hier gesehen habe.

2. Ich verstand die Frage nicht, _____ mir meine Physiklehrerin gestellt hatte.

3. Er ist ein Mensch, auf _____ du zählen kannst.

4. Nimm doch die neue Kreide, _____ ich dir dort hingelegt habe.

5. Wir müssen auch auf die Rücksicht nehmen, _____ langsam sind.

6. Die Schuhe, _____ ich mir wünsche, sind zu teuer.

7. Der Hund, von _____ du gebissen wurdest, wurde gefunden.

Indefinitpronomen

Das Indefinitpronomen (unbestimmte Fürwort) wird verwendet, wenn **keine nähere Bezeichnung von Personen oder Sachen** vorliegt oder eine **Menge nicht näher bestimmt ist**. Es steht meist als **Stellvertreter für ein Nomen** und wird **immer kleingeschrieben**.

man, jemand, niemand, etwas, nichts, einer, keiner, mancher, alle, alles, jeder ...

Beispiele:
Man kauft dort günstig ein.
Jemand sollte schnell kommen.
Es war weit und breit **niemand** zu sehen.
Er möchte, dass ihn **keiner** besucht.

Der Unterschied zwischen unbestimmtem Fürwort und **unbestimmtem Zahlwort (viel, alle, manche, nichts, etwas, einige, mehrere, wenige ...)** ist, dass das Zahlwort einen Artikel haben kann (z. B. das wenige, die vielen) und erweiterbar ist (z. B. sehr wenige Leute, nur manche Schüler ...).

Er fand nur **einige** Steine.
Sie erzählte uns **manches** Neue.
Wir mussten **mehrere** Stunden am Bahnhof warten.

Gib an, ob es sich um ein Indefinitpronomen (IP) oder ein unbestimmtes Zahlwort (Z) handelt! Unterstreiche es!

1. Sehr <u>wenige</u> Lehrer geben <u>viel</u> Hausübung.   **Z, Z** _____

2. Gibt es etwas Neues? _____

3. Ist jemand zu Hause? _____

4. Bleibst du noch einige Minuten da? _____

5. Man konnte ihr viel Erfreuliches berichten. _____

6. Er konnte nichts mehr sehen! _____

7. Ich habe nichts Trockenes mehr zum Anziehen. _____

8. Es wird wahrscheinlich niemand da sein. _____

**Setze die fehlenden Buchstaben ein! Sie stehen am Satzende in Klammer.
Achte auf die Groß- und Kleinschreibung!**

1. Gestern gingen   inige aus unserer Klasse eislaufen. (E)
2. Die   eisten Kinder konnten es schon recht gut. (M)
3. Ich bin leider ein   aarmal hingefallen. (P)
4. Da in den   etzten Tagen Tauwetter war, war über dem Eis   twas Wasser. (L, E)
5. Mein Schianzug war schon   twas   ass geworden. (E, N)
6. Leider hatte ich   ichts   rockenes zum Umziehen mit. (N, T)
7. So musste ich   ehrere Stunden in nasser Kleidung verbringen. (M)
8. Am nächsten Tag machte ich schon ein   aarmal husten. (P)
9. Seit   inigen   tunden liege ich im Bett. (E, S)
10. Ich hatte bald   lles   erschwitzt. (A, V)
11. Meine Schulfreunde wünschten mir   lles   ute und baldige Genesung. (A, G)

Reflexivpronomen

Das **Reflexivpronomen** (rückbezügliche Fürwort) **weist auf den Handlungsträger zurück.**
Es stimmt mit dem Subjekt überein.

Ich freue (mich).

Ich schade **mir**.
Du beschwerst **dich**.
Du schadest **dir**.
Er ärgert **sich**.
Wir freuen **uns**.
Ihr beschwert **euch**.
Sie ärgern **sich**.

Unterstreiche das Reflexivpronomen und markiere das Subjekt!

1. Er sollte sich lieber hinlegen.
2. Kümmerst du dich um die jungen Katzen?
3. Wir haben uns selbst die Haare geschnitten.
4. Habt ihr euch das wirklich getraut?
5. Gegen diese Ungerechtigkeit muss ich mich wirklich wehren!
6. Harald hat sich bis jetzt nicht gemeldet.
7. Ich möchte mich nicht wieder verspäten.
8. Ihr habt euch viel vorgenommen.
9. Sie haben sich im Einkaufszentrum verlaufen.
10. Die Katze und der Hund vertragen sich nicht.

Ü 80 **Gib an, ob es sich bei den unterstrichenen Pronomen um Personalpronomen (PP) oder Reflexivpronomen (RP) handelt!**

1. Mit deinen Worten hast du <u>mich</u> sehr verletzt.   _____
2. Die Krankenschwester bemüht <u>sich</u> sehr um den Patienten.   _____
3. Ich erkläre es <u>euch</u> noch einmal.   _____
4. Du wirst <u>dich</u> verletzen!   _____
5. Warum glaubst du <u>ihm</u> nicht?   _____
6. Sie hat <u>sich</u> nicht getraut.   _____
7. So viel Geld habe ich nicht bei <u>mir</u>.   _____
8. Er putzt <u>sich</u> dreimal täglich die Zähne.   _____
9. Der Vater putzt <u>ihm</u> die Schuhe.   _____
10. Gib <u>mir</u> bitte eine Antwort!   _____
11. Ich schade <u>mir</u> ja nur selbst damit.   _____

Ü 81 **Bestimme, ob die Pronomen ein Nomen vertreten (V) oder Begleiter des Nomens sind (B)! Schreibe anschließend auf, um welche Pronomen es sich handelt! (Relativpronomen = RP, Personalpronomen = PP, Demonstrativpronomen = DP, Reflexivpronomen = ReP, Indefinitpronomen = IP, Possessivpronomen = PoP)**

1. Der Schüler, <u>den</u> <u>ich</u> meine, geht in <u>deine</u> Klasse.   **V, V, B – RP, PP, PoP**
2. Du musst diesen Beamten unbedingt erreichen.   _____
3. Kannst du das beweisen?   _____
4. Er hat sich sehr schwer verletzt.   _____
5. Jemand steht vor deiner Tür.   _____
6. Gibst du mir deine neue Telefonnummer?   _____
7. Ich trage seine alten Sachen.   _____
8. Diese Übung war leicht.   _____

Die Pronomen – auf einen Blick

Pronomen werden nach ihrer Funktion eingeteilt.

Pronomen	Beispiele
Personalpronomen (persönliches Fürwort)	ich, du, er, sie, es, wir, ihr, sie
Possessivpronomen (besitzanzeigendes Fürwort)	mein, dein, sein, unser, euer, ihr
Demonstrativpronomen (hinweisendes Fürwort)	der, dieser, jener, derjenige, derselbe, die …
Relativpronomen (bezügliches Fürwort)	der, welcher, wer, was …
Indefinitpronomen (unbestimmtes Fürwort)	man, niemand, jeder, jemand, alle, beide, etwas …
Reflexivpronomen (rückbezügliches Fürwort)	mich, dich, sich, uns, euch, mir, dir …

Schlusstest zu den Pronomen

Unterstreiche in der folgenden Geschichte alle Pronomen und gib an, um welche es sich handelt!
(Relativpronomen = RP, Personalpronomen = PP, Demonstrativpronomen = DP, Reflexivpronomen = ReP, Indefinitpronomen = IP, Possessivpronomen = PoP)

So ein Topfen!

Neulich sollte ich für meine Mutter schnell einkaufen fahren. Sie hatte den Topfen für mein Lieblingsgericht, Topfenknödel, vergessen.

Ich wollte mit meinem Fahrrad zum Supermarkt fahren. Als ich den platten Reifen sah, wusste ich, dass ich mir schnell etwas Neues einfallen lassen müsste. Es war nicht einfach, mir von meinem Bruder jenen neuen Scooter auszuborgen, den er zum Geburtstag bekommen hatte.

Ich musste hoch und heilig versprechen, auf seinen Scooter, den er erst seit einigen Tagen besaß, wie auf meinen Augapfel aufzupassen. Auf dem Parkplatz des Einkaufszentrums stürzte ich, als ich einem stehen gelassenen Einkaufswagen ausweichen musste. Dem Scooter war nichts passiert, aber dafür meinem Knöchel. Aus dem Turnschuh blutete es, sodass ich mit meinem Taschentuch diesen verletzten Knöchel verbinden musste.

Langsam fuhr ich nach Hause und litt still vor mich hin, obwohl mein Fußgelenk ziemlich stark schmerzte.

Meinem Bruder, der schon sehnsüchtig auf sein Gefährt wartete, sagte ich nichts von meinem Missgeschick. Er hätte mir sonst den Scooter nie mehr geborgt.

Nur meine Mutter ahnte etwas, als sie die aufgeplatzen Topfenpackungen auf unserem Küchentisch fand.

Ich muss auch zugeben: Dieses Mal konnte ich meine Topfenknödel nicht so richtig genießen.

Kompetenz-Check

Das kann ich jetzt!

Kreuze an, was zutrifft! Falls du dich bei dem einen oder anderen Punkt noch nicht sicher fühlst, blättere nochmals zurück und wiederhole diesen Abschnitt!

Ich kann ...	Falls ich noch unsicher bin, kann ich hier nachschlagen:
☐ ... Personalpronomen (persönliche Fürwörter) als Stellvertreter des Nomens erkennen und deklinieren.	S. 49
☐ ... Personalpronomen bei persönlicher Anrede (vertraute und höfliche Form) richtig verwenden.	S. 49
☐ ... Possessivpronomen (besitzanzeigende Fürwörter) als Begleiter des Nomens erkennen und einem Nomen zuordnen.	S. 50
☐ ... Demonstrativpronomen (hinweisende Fürwörter) als Begleiter und Stellvertreter von Nomen erkennen.	S. 51
☐ ... Relativpronomen (bezügliche Fürwörter) und Indefinitpronomen (unbestimmte Fürwörter) erkennen und unterscheiden.	S. 51, 52
☐ ... Reflexivpronomen (rückbezügliche Fürwörter) erkennen und einem Nomen zuordnen.	S. 53
☐ ... alle Pronomen benennen und unterscheiden und weiß um ihre Bedeutung.	S. 54, 55

Das Adjektiv

Mit einem Adjektiv kannst du die **Eigenschaften** eines Lebewesens, eines Dinges oder eines Vorganges beschreiben. Es wird kleingeschrieben.

Adjektive können **stark oder schwach gebeugt** werden.
Adjektive sind **stark** gebeugt, wenn der **Fall** des Nomens von **keinem Begleiter angezeigt wird**.
Adjektive sind **schwach** gebeugt, wenn der **Fall** des Nomens **vom Begleiter** (Artikel, Pronomen) **angezeigt wird**.

starke Beugung

> bei gute**r** Sicht
> nach schwere**m** Leiden
> von enorme**r** Größe
> bei warme**m**, herrliche**m** Sonnenschein

schwache Beugung

> bei de**r** gute**n** Sicht
> nach de**m** schwere**n** Leiden
> von diese**r** enorme**n** Größe
> bei diese**m** warme**n**, herrliche**n** Sonnenschein

Unterstreiche das Adjektiv!
Gib an, ob eine starke oder schwache Beugung vorliegt!

83

1. Bei <u>regnerischem</u> Wetter mussten wir nach Hause gehen.   **starke Beugung**
2. In dem großen Garten wachsen alte Obstbäume.   _____
3. Fred musste sich neue Fußballschuhe kaufen.   _____
4. Mit großer Freude verkündeten sie die gute Nachricht.   _____
5. Veronika zeigte mir ihre vielen Zeitungsausschnitte.   _____
6. Ich schwimme gerne in diesem warmen Thermalwasser.   _____
7. Gießt du mir bitte warmes Wasser in das kleine Becken?   _____
8. Der neue Fahrradschlauch hatte winzig kleine Löcher.   _____
9. Gerda möchte bei schlechtem Wetter lieber zu Hause bleiben.   _____
10. Stefan will aber bei diesem schlechten Wetter spazieren gehen.   _____
11. Unser junger Hund vergräbt die alten Suppenknochen im Garten.   _____
12. Ferdinand läuft mit seinen schmutzigen Schuhen über den weißen Teppich. _____

Anhand der Nachsilben **-ig, -lich, -sam, -bar, -isch, -haft** kannst du Adjektive leicht erkennen. Meist wird das Adjektiv von einem Nomen oder Verb abgeleitet.

die Hast – hast**ig**, der Mann – männ**lich**, trinken – trink**bar**, sparen – spar**sam**

Bilde aus folgenden Wörtern Adjektive, indem du eine der oben angeführten Nachsilben verwendest!

84

tragen _____	_____	fälschen _____	_____
wackeln _____	_____	Bart _____	_____
Furcht _____	_____	Feind _____	_____
Freund _____	_____	Leser _____	_____
Arzt _____	_____	Telefon _____	_____
kleiden _____	_____	Nahrung _____	_____

Adjektive, die sich **auf Nomen beziehen**, schreibst du **klein**.
Das trifft auch dann zu, wenn das Adjektiv nicht unmittelbar vor dem Nomen steht.

Er hört gerne Musik, besonders die **klassische** (Musik).

Ü 85

Setze das Adjektiv in Schreibschrift geschrieben richtig ein!
Unterstreiche das Nomen, auf das es sich bezieht!

1. Geben Sie mir ein Dutzend Eier, aber bitte nur   ! (BRAUNE)
2. Er isst gerne Schokolade, besonders die   .(WEISSE)
3. Sie trägt gerne Hosen, aber nur   .(ENGE)
4. Er sammelt Briefmarken, vor allem   .(AUSLÄNDISCHE)
5. Erika liebt Autos, besonders die   . (SCHNELLEN)
6. Gib mir bitte ein paar Zwetschken, aber nur   ! (WEICHE)
7. Günter interessiert sich für Kunst, besonders für die   . (MODERNE)
8. Vor dem Gewitter fürchteten sich die Kinder, besonders die   . (KLEINEN)

Die Steigerungsstufen

Die meisten Adjektive lassen sich **steigern** (Komparation).
Es gibt **drei Steigerungsstufen**: Grundstufe – Mehrstufe – Meiststufe.
Wenn du unsicher bist, ob ein Wort ein Adjektiv ist, dann versuche dieses Wort zu **steigern**,
denn das ist **nur bei Adjektiven möglich**.

Positiv/Grundstufe	Komparativ/Mehrstufe	Superlativ/Meiststufe
schwer	schwer**er**	(am) schwer**sten**
fleißig	fleißig**er**	(am) fleißig**sten**

Ü 86

Vervollständige die Tabelle! Überprüfe, ob die Steigerungen sinnvoll sind!

Positiv/Grundstufe	Komparativ/Mehrstufe	Superlativ/Meiststufe
leicht		
heiß		
viel		
schmutzig		
kalt		
gut		
jung		
hoch		
tot		
leer		

Nicht alle Adjektive kannst du sinnvoll steigern.
Beispiele: tot, leer, voll … und alle Farben (schwarz …)

Wie Adjektive gebraucht werden

Ein Adjektiv, das **vor einem Nomen** steht, **beschreibt** dieses **genauer**.
Es wird **gebeugt** und steht im **gleichen Fall** wie das Nomen.
Es ist als **Beifügung zum Nomen** (ergänzt das Nomen) verwendet und **kein eigenes Satzglied**.
Zu dieser Beifügung kannst du auch **Attribut** sagen.

eine **köstliche** Torte, die **fleißige** Schülerin

Du erfragst das **Attribut** mit: **Was für ein(e)? Welche?**

 Das Adjektiv eines Nomens stimmt mit diesem in Fall, Zahl und Geschlecht überein (= **gebeugt**).

ein alt**es** Haus, bei eine**m** alt**en** Haus, an de**n** alt**en** Häusern

Ein Adjektiv kann in Sätzen mit bestimmten Verbformen von **sein, werden** (ist, sind, war ...) stehen.
Es gehört dann zum **Prädikat** (ergänzt das Prädikat), ist **nicht gebeugt** und **ein eigenes Satzglied**.

Fleißig ist die Schülerin. Die Torte war **köstlich**. Die Semesterferien werden **toll**.

Du erfragst dieses **Adjektiv** mit: **„Wie ist (war) er/sie/es?"**
                               „Wie sind (waren/werden) sie?"

Ein Adjektiv kann im Satz **mit jedem Verb** stehen.
Es bezieht sich dann auf dieses Verb und **beschreibt es näher**. Es ist ein **eigenes Satzglied**.
Man nennt es **adverbielle Bestimmung** (Arterganzung).

Die Torte schmeckte **köstlich**. Die Schülerin lernt **fleißig**.

Du erfragst die **adverbielle Bestimmung** mit: **„Wie schmeckte die Torte?"**
                                      „Wie lernt die Schülerin?"

 attributiv: Ich backe eine **köstliche** Torte.
prädikativ: Die Torte ist **köstlich**.
adverbiell: Die Torte schmeckt **köstlich**.

 Unterstreiche zuerst die Adjektive und gib anschließend an, wie sie gebraucht werden: attributiv (at), prädikativ (pr) oder adverbiell (ad)!

87

1. Mein bester Freund schenkte mir das neueste Computerspiel.
2. Bitte ziehe dir deine schmutzigen Schuhe im Vorraum aus!
3. Er ist freundlich.
4. Sie grüßte mich sehr freundlich.
5. Hast du schon den neuesten Zeichentrickfilm im Kino gesehen?
6. Ich bin gut im Kopfrechnen.
7. Er tanzt hervorragend Walzer.
8. Sie kocht die besten Spaghetti.

Gebrauch von Adjektiven – auf einen Blick

Das Adjektiv kann verwendet werden	Beispiele/Frage
als **Beifügung zum Nomen** (**attributiver** Gebrauch). **Es ist kein eigenes Satzglied.**	Die <u>fleißige</u> Schülerin lernt für die <u>schwere</u> Prüfung. **Was für eine? Welche?**
mit Verbformen von sein, werden (**prädikativer** Gebrauch). **Es ist ein eigenes Satzglied.**	Die Schülerin ist <u>fleißig</u>. Die Prüfung war <u>schwer</u>. **Wie ist/war …?**
nähere Beschreibung von einem Verb (**adverbieller** Gebrauch). **Es ist ein eigenes Satzglied.**	Die Schülerin lernt <u>fleißig</u>. **Wie lernt …?**

Partizipien wie Adjektive verwenden

Partizipien werden häufig als **Attribute** (so wie Adjektive) verwendet.

1. Partizip (Mittelwort der Gegenwart): ein spann**ender** Film, die drohe**nde** Botschaft
2. Partizip (Mittelwort der Vergangenheit): eine **ge**lungene Party, das **ge**sunkene Boot

Bilde aus dem angegebenen Infinitiv das 1. und das 2. Partizip und verwende sie als Adjektive!

Ü 88

Infinitiv	1. Partizip als Adjektiv	2. Partizip als Adjektiv
verblühen	Rosen	Rosen
malen	ein ___ Künstler	ein ___ Bild
verschwinden	Licht	eine ___ Insel
schreiben	ein ___ Kind	ein ___ Brief
kochen	Wasser	ein ___ Ei
quietschen	Keilriemen	Laute
schleudern	eine ___ Waschmaschine	Wäsche
wechseln	Wetter	Geld

Adjektive – groß oder klein?

- Steht ein **Artikel** vor einem Adjektiv, wird dieses zu einem Nomen und daher großgeschrieben.
  fleißig, roh (Adjektive): **der/die** Fleißige, **das** Rohe

- Steht **kein Artikel** vor dem Adjektiv, **könnte aber einer eingefügt werden**, schreibst du es auch groß.
  Fleißige und **E**ifrige werden es schaffen. **Die F**leißigen und **die E**ifrigen werden es schaffen.

- Wenn **unbestimmte Zahlwörter** (**einiges, alles, etwas, nichts, viel, wenig**) vor Adjektiven stehen, werden sie zu Nomen.
  etwas Groß**es, alles L**iebe, **viel E**rfreulich**es** ...

Adjektive, die zu Nomen werden, weil ein unbestimmtes Zahlwort davor steht, haben die Endung **-es** oder **-e**.

Unbestimmte Zahlwörter (viel, etwas, genug, manche, wenig, einige, mehrere ...) werden wie Adjektive dekliniert.

Unbestimmte Zahlwörter und **Indefinitpronomen** (unbestimmte Fürwörter wie alle, jeder, man, keiner, nichts) werden immer kleingeschrieben, auch wenn ein Artikel davor steht.

Zur Groß- und Kleinschreibung siehe auch Kapitel „Nomen" und Kapitel „Zahlwörter" im Band „Kompetent AUFSTEIGEN Deutsch 3 – Rechtschreiben"!

Achte auf die Groß- und Kleinschreibung der Adjektive und Zahlwörter!
Setze die Buchstaben in Klammer richtig ein!

89

1. Er wünschte mir alles   iebe und   ute zum Geburtstag. (L, G)
2. Kurt erwartete ein   roßes Paket. (G)
3. Warum kommen die   nderen nicht mit? (A)
4. Wir hatten alles   erloren. (V)
5. Das   este hatte er für den Schluss aufgehoben. (B)
6. Wir wollten ihm nichts   öses antun. (B)
7. Er hatte selbst nicht   iel zu tragen. (V)
8. Florian hatte etwas   ssbares dabei. (E)
9. Das   rüne auf dem Käse ist Schimmel. (G)
10. Er trägt ein   osa Sakko. (R)
11. Endlich durften auch die   eiden gehen. (B)
12. Auf dieser Insel gibt es wenig   rünes. (G)
13. Die   lte Kuh gibt nicht   enug Milch. (A, G)
14. Er teilte das   enige, das er hatte, mit   llen   nderen. (W, A, A)
15. Am   esten ist, du gibst gleich   lles zu. (B, A)

Schlusstest zu den Adjektiven

Unterstreiche alle Adjektive und als Adjektiv verwendete Wörter (Partizipien)!
Gib an, wie sie verwendet werden!
(attributiv = at, adverbial = ad, prädikativ = pr)

Was von der Kartoffel erzählt wird

Jedes kleine Kind kennt heute die Kartoffel, aber das war nicht immer so.

Vor langer, langer Zeit reiste ein Engländer nach Amerika und lernte dort diese nahrhafte Knolle kennen. Sie wurde von den Einwohnern Amerikas gern gegessen, und sie schmeckte ihnen auch sehr gut.

So dachte der Reisende, dass auch für seine Landsleute zu Hause diese schmackhafte „Erdfrucht" ein wichtiges Nahrungsmittel werden könnte.

Er schickte einige braune Knollen seinem besten Freund nach England und bat ihn herzlich, diese neuartige Frucht in seinem großen Garten anzubauen.

Der Beschenkte legte die kleinen Knollen in die schwarze Erde, und – siehe da – sie trieben grobe Stängel. Bald darauf zeigten sich dunkelgrüne Blätter und weiße, schöne Blüten. Aus diesen zarten Blumen entstanden kugelrunde, giftgrüne Perlen.

Der Engländer meinte, das seien die umjubelten Früchte, und ließ sie vorsichtig einsammeln. Er lud einige wichtige und angesehene Herrn Englands ein und ließ die neue Spezialität kochen und servieren. Das Gekochte schmeckte jedoch abscheulich, auch nachdem es mit süßem Honig und etwas Zimt bestreut worden war. Den hohen Herrn war vom Verzehr der vermeintlichen Kartoffeln schlecht geworden, und auch der Magen drückte sie heftig. Zornig ließ der Enttäuschte die Kartoffelstauden ausreißen und ins Feuer werfen.

Sein Gärtner war aber neugierig und zertrat eine gebratene Knolle, die noch an den Wurzeln der Staude hing. Sie duftete herrlich, und so kostete sie der Mann und fand sie sehr wohlschmeckend.

Er berichtete eilig seinem Herrn von dieser erstaunlichen Entdeckung, und dieser überzeugte sich selbst von dem Erfreulichen.

Von nun an wurden die „Erdknollen" berühmt. Bald pflanzten nicht nur reiche Leute die nahrhafte Knolle in ihrem Garten an, sondern auch arme ernteten die Erdäpfel auf ihren Feldern.

Heute ist die Kartoffel weltweit verbreitet und wird in zahllosen Variationen serviert. Welche Kartoffelspeise schmeckt dir am besten?

Markiere die nominal gebrauchten Adjektive und Partizipien und ihre Begleiter in der Geschichte „Was von der Kartoffel erzählt wird"!
Diesen Text kannst du dir auch als Diktat ansagen lassen!

Das Adverb

Adverbien (Umstandswörter) geben an, **wo, wann, wie, warum** etwas ist oder geschieht. Man kann Adverbien **nicht beugen**, das heißt, sie **ändern sich nicht**.

Im Unterschied zum **Adjektiv, das man steigern kann, verändert sich das Adverb nicht**. So kennst du beide auseinander.

Adjektiv (steigerbar):	schön	Sie trägt ein <u>schönes</u> Kleid. **Was für ein ...? Welches?** <u>Attribut</u> (gehört zum Nomen)
Adverb (nicht steigerbar):	gewiss	Sie trägt <u>gewiss</u> ein schönes Kleid. **Wie trägt sie ...?** <u>Adverb</u> (gehört zum Verb)
Adjektiv adverbiell gebraucht:		In ihrem Kleid fühlt sie sich <u>schön</u>. **Wie fühlt sie sich?** <u>adverbiell gebraucht</u> (gehört zum Verb)

Ü

92

Gib an, ob es sich um ein Adjektiv oder ein Adverb handelt!
Mache die Probe mit der Steigerung!

schön	_____	anfangs	_____
links	_____	draußen	_____
oben	_____	schnell	_____
brav	_____	blindlings	_____
sehr	_____	stark	_____

Adverbien geben die genaueren Umstände eines Geschehens an. Sie machen Angaben
- zum **Ort**.   Du erfragst sie mit: **Wo? Woher? Wohin?**
- zur **Zeit**.   Du erfragst sie mit: **Wann? Seit wann? Wie lange?**
- zur **Art und Weise**.   Du erfragst sie mit: **Wie?**
- zur **Begründung**.   Du erfragst sie mit: **Warum? Weshalb?**

Das Kleid liegt <u>dort</u>. **Wo?** ⟶ Umstandswort des **Ortes** (Lokaladverb)
Sie trägt <u>morgen</u> dieses Kleid. **Wann?** ⟶ Umstandswort der **Zeit** (Temporaladverb)
Sie trägt das Kleid <u>gern</u>. **Wie?** ⟶ Umstandswort der **Art und Weise** (Modaladverb)
Sie trägt das Kleid <u>trotzdem</u>. **Warum?** ⟶ Umstandswort des **Grundes** (Kausaladverb)

Häufig verwendete Umstandswörter

des Ortes (lokal):	da, hier, dort, oben, unten, rechts, links, überall, außen, herunter, hinauf, innen, nirgends, drinnen, außen, vorn, irgendwo ...
der Zeit (temporal):	jetzt, früh, spät, nie, heute, morgen, nun, gestern, damals, einst, lange, sofort, bisher, nachher, bald, mittags, nie, abends, stündlich ...
der Art und Weise (modal):	sehr, gern, so, fast, besonders, völlig, ziemlich, genauso, augenblicklich, ja, sicher, kaum, ganz, sicherlich, gewiss, unbedingt ...
des Grundes (kausal):	daher, darum, deshalb, folglich, also, damit, sonst, infolgedessen, auch, trotzdem, dadurch, daraus, deswegen, dazu ...

Setze alle angegebenen Adverbien sinnvoll in die Lücken ein!

hinaus – irgendwo – hier – oben – weg – nirgends

1. Wenn wir den Alarm hören, müssen wir sofort _____ .
2. Die Landschaft sah von _____ wie ein Spielzeugland aus.
3. Der Platz ist gut gelegen. Wir werden _____ übernachten.
4. Er ist schon _____ . Um fünf Uhr hat er das Büro verlassen.
5. Leonie hat sich _____ so wohlgefühlt wie bei dir.
6. _____ habe ich meine Brille liegen gelassen.

Unterstreiche in den Sätzen die Adverbien und ordne sie richtig in die Zeilen ein!

1. Das Flugzeug versuchte hier eine Notlandung.
2. Morgens trinke ich immer Tee.
3. Gern würde ich dich zum Essen einladen.
4. Anfangs hatte ich große Bedenken.
5. Deshalb wollte er dorthin nicht mitkommen.
6. Nun beeile dich!
7. Die Füllfeder habe ich hierher gelegt.
8. Die Nachhilfestunde findet früher statt.
9. Sie war ziemlich verärgert.
10. Bei diesem Wetter müssen wir drinnen spielen.
11. Er hat irgendwo sein Handy liegen gelassen.
12. Manchmal reißt mir die Geduld.
13. Neulich war ich mit ihr dort einkaufen.
14. Es ist nie zu spät, um mit dem Lernen zu beginnen.
15. Er fühlt sich sehr wohl.

Adverbien des Ortes: _____

Adverbien der Zeit: _____

Adverbien der Art und Weise: _____

Adverbien des Grundes: _____

Unterstreiche die Adverbien und schreibe das Fragewort dazu!
Benenne die Adverbien mit den lateinischen Fachausdrücken!

1. Nach der Schule gehe ich heute zum Reitunterricht. _____
2. Das hätte ich beinahe vergessen. _____
3. Ich würde sehr gerne für euch kochen. _____
4. Er muss diese Zahnspange immer tragen. _____
5. Sie korrigierte die Schularbeiten außerordentlich schnell. _____
6. Ich lief ziemlich schnell hinunter. _____
7. Früher mussten wir zu Fuß gehen. _____
8. Er isst das besonders gern. _____
9. Hier ist die letzte Tankstelle vor der Grenze.
   Darum sollten wir hier tanken. _____
10. Ob wir ihn jemals wiedersehen? _____

**Sind die unterstrichenen Wörter attributiv oder adverbiell verwendet?
Notiere das Fragewort!**

1. Nach dieser Straße müssen wir <u>links</u> abbiegen. _____
2. Sie hat sich ein <u>schnelles</u> Auto gekauft. _____
3. Wir schlafen <u>hier</u>. _____
4. Von <u>dort</u> müsste er kommen. _____
5. Er möchte seinen <u>neuen</u> Pullover anziehen. _____
6. Diese Jacke habe ich <u>neu</u> gekauft. _____
7. Leider mussten wir <u>gestern</u> abreisen. _____
8. Walter besitzt einen <u>großen</u> Garten. _____
9. Das Klassentreffen findet <u>jährlich</u> statt. _____
10. Im <u>neuen</u> Jahr zieht er <u>hier</u> aus. _____

Adverbien – auf einen Blick

Adverbien	Beispiele
Lokaladverbien Wo? Woher? Wohin? (Umstandswörter des Ortes)	da, hier, dort, oben, unten, rechts, links, überall, außen, herunter, hinauf, nirgends, drinnen, vorn, irgendwo, innen …
Temporaladverbien Wann? Wie lange? Seit wann? Bis wann? (Umstandswörter der Zeit)	jetzt, früh, spät, nie, heute, morgen, nun, nie, gestern, damals, einst, lange, sofort, bisher, nachher, bald, mittags, stündlich …
Modaladverbien Wie? Auf welche Weise? Wie oft? Wie sehr? (Umstandswörter der Art und Weise)	sehr, gern, so, fast, oft, besonders, völlig, sicher, ziemlich, genauso, augenblicklich, kaum, ganz, sicherlich, gewiss, unbedingt …
Kausaladverbien Warum? Weshalb? Wozu? Wodurch? (Umstandswörter des Grundes)	daher, darum, deshalb, folglich, also, damit, sonst, infolgedessen, auch, dazu, trotzdem, dennoch, deswegen …

Schlusstest zum Adverb

Ü 97

Markiere alle Wörter, die Adverbien sind!

DA	OBEN	NASS	ALLERDINGS	OFT	STUNDE	ALSO
STÜNDLICH	GERN	SEHR	BILLIG	KURZ		NACHTS
KÜRZLICH	UNTEN	UNTERHALTEN		VERGEBLICH		DESHALB

Ü 98

Eine schwierige Übung für Fortgeschrittene:
Gib an, ob es sich bei den unterstrichenen Wörtern um ein Adverb oder ein Adjektiv handelt!
Bestimme das Adverb näher (Lokal-, Temporal-, Modal-, Kausaladverb)!

1. Er musste <u>folglich</u> drei weitere Monate <u>dort</u> bleiben.　　**Kausal-, Lokaladverb/adv.**
2. Sie wusste daher <u>ziemlich</u> genau Bescheid. _____
3. Er trug eine <u>lange</u> Hose. _____
4. Am <u>frühen</u> Abend werden wir dort erscheinen. _____
5. <u>Außen</u> war das Buch voll mit Tinte. _____
6. Ich komme <u>gleich</u> <u>dorthin</u>. _____
7. Er war <u>kaum</u> eingeschlafen, da läutete das Telefon. _____
8. An so einem <u>besonderen</u> Tag möchte ich dich nicht stören. _____
9. Zum <u>jetzigen</u> Zeitpunkt kann man gar nichts sagen. _____
10. Wir verließen <u>trotzdem</u> unseren sicheren Platz. _____

Ü 99

Unterstreiche in der Geschichte „Wer einmal lügt …" alle Adverbien!
Ordne diese anschließend richtig in die Zeilen ein!

Wer einmal lügt ...

Ein junger Hirte machte sich oft einen Spaß daraus, seine Nachbarn zu ängstigen.
Er saß täglich vor seiner Hütte und hütete dort seine Schafe. Bald wurde ihm langweilig und
er schrie deshalb: „Helft mir! Ein Wolf greift an!"
Die Nachbarn eilten sofort herbei, um ihm zu helfen.
Er aber lachte nur über die umsonst Herbeigeeilten, denn es war kein Wolf zu sehen. Dieser
„Scherz" war ihm mehrmals gelungen. Deswegen ärgerten sich die Dorfbewohner sehr.
Bald fiel wirklich ein Wolf in seine Herde ein und der Junge schrie: „Zu Hilfe, zu Hilfe, meine
Brüder! Ein Wolf reißt meine Schafe! Heute lüge ich nicht, glaubt mir!"
Seine Nachbarn hörten seine Notrufe von draußen, allerdings blieben sie in ihren Hütten
drinnen. Niemand glaubte ihm noch und kurzerhand riss der Wolf einen sehr großen Teil
seiner Herde.

(Frei erzählt nach einer Fabel von Äsop)

Adverbien des Ortes: _____

Adverbien der Zeit: _____

Adverbien der Art und Weise: _____

Adverbien des Grundes: _____

Kompetenz-Check

Das kann ich jetzt!

Kreuze an, was zutrifft! Falls du dich bei dem einen oder anderen Punkt noch nicht sicher fühlst, blättere nochmals zurück und wiederhole diesen Abschnitt!

	Ich kann ...	Falls ich noch unsicher bin, kann ich hier nachschlagen:
☐	... Adjektive erkennen und ihre Merkmale nennen.	S. 56
☐	... erkennen, ob starke oder schwache Beugung eines Adjektivs vorliegt.	S. 56
☐	... mithilfe von Nachsilben aus Nomen Adjektive bilden.	S. 56
☐	... Kleinschreibung von Adjektiven, die sich auf Nomen beziehen, erklären.	S. 57
☐	... Adjektive steigern und die Steigerungsstufen benennen.	S. 57
☐	... Adjektive in ihrem Gebrauch (attributiv, prädikativ oder adverbiell) unterscheiden.	S. 58, 59, 61
☐	... Partizipien wie Adjektive (attributiv) verwenden und erkennen.	S. 59, 61
☐	... die Groß- und Kleinschreibung von Adjektiven – je nach ihrer Verwendung – richtig anwenden.	S. 60, 61

	Ich kann ...	Falls ich noch unsicher bin, kann ich hier nachschlagen:
☐	... Adverbien (Umstandswörter) an ihren Merkmalen erkennen.	S. 62
☐	... Adverbien nach den Umständen (Ort, Zeit, Art und Weise, Grund) unterscheiden und erfragen.	S. 62, 65
☐	... die lateinischen Fachausdrücke für die verschiedenen Umstandsergänzungen nennen.	S. 63, 64
☐	... häufig verwendete Adverbien nennen und sie sinnvoll einsetzen.	S. 62, 63
☐	... Adverbien und Adjektive unterscheiden und weiß um ihre adverbielle bzw. attributive Verwendung.	S. 64, 65

Konjunktionen

Konjunktionen (Bindewörter) können **Wörter, Wortgruppen oder Sätze miteinander verbinden**. Sie drücken aus, welche Beziehung zwischen Wörtern, Wortgruppen und Sätzen besteht. Man unterscheidet zwischen **nebenordnenden** und **unterordnenden** Bindewörtern.

- **Nebenordnende** Konjunktionen verbinden **aneinandergereihte Hauptsätze**: **und, auch, oder, aber, sondern, denn ...**

- **Unterordnende** Konjunktionen verbinden **einen Gliedsatz mit dem Hauptsatz**: **weil, da, dass, als, obwohl, nachdem, seit, während ...**

- Vor einer Konjunktion setzt du **einen Beistrich**.

Ausnahme:
Vor **und** oder **oder** kommt **kein Beistrich**, wenn die beiden verbundenen Hauptsätze ein gemeinsames Subjekt haben.

Felix kam am Abend **und** blieb bis zum nächsten Morgen.
Wir gehen morgen ins Strandbad **oder** besuchen bei Schlechtwetter das Hallenbad.

Ausnahme:
Vor **und** oder **oder** kannst du **einen Beistrich** setzen, wenn die beiden verbundenen Hauptsätze jeweils ein eigenes Subjekt haben (= vollständige Hauptsätze sind).

Tanja fährt nach Schottland **(,) und** sie besucht dort einen Sprachkurs.
Carina schreibt ein SMS **(,) und** Rudi versendet eine MMS.

Verbinde die folgenden Sätze mit dem jeweils vorgegebenen Bindewort! Ergänze die Beistriche!

1. **und:** In den Sommerferien besuche ich einen Sprachkurs _____ mache mit meinen Eltern anschließend einen Campingurlaub.
2. **oder:** Mein Vater geht mit uns ins Kino _____ er fährt mit uns in den Prater.
3. **aber:** Erich kommt morgen nicht _____ dafür besucht er uns nächste Woche.
4. **während:** _____ ich telefonierte brannte der Kuchen im Backrohr an.
5. **weil:** Yusuf hat das Freifach „Kochen" gewählt _____ er Koch werden möchte.
6. **als:** _____ wir gestern am Abend ankamen waren alle Parkplätze besetzt.
7. **obwohl:** Dorothea spielt sehr gut Geige _____ sie dieses Instrument erst seit zwei Jahren lernt.
8. **denn:** Wir fuhren früher als geplant nach Hause _____ Hans hatte sich das Bein gebrochen.
9. **während:** _____ wir mit dem Aufräumen beschäftigt waren kochte er für uns das Abendessen.
10. **und:** Petra geht morgen zum Friseur _____ lässt sich die Haare färben.

Unterstreiche die Konjunktion und gib an, ob sie unterordnend (HS + GS) oder nebenordnend (HS + HS) ist!
Erinnere dich an die Kennzeichen von HS und GS! Setze die Beistriche!

1. Sie freuten sich als er endlich kam.
2. Helena möchte Tierpflegerin werden oder sie möchte Tiermedizin studieren.
3. Anna gewann beim Redewettbewerb in Deutsch und sie bekam auch das beste Zeugnis in unserer Klasse.
4. Fred schreibt immer die gleichen Sätze denn ihm fällt nichts Neues ein.
5. Ich lerne Latein weil ich später Medizin studieren möchte.
6. Simon kauft sich ein neues Handy obwohl er schon eines hat.
7. Da Matthias jetzt neue Turnschuhe braucht bekommt er sie schon vor seinem Geburtstag.
8. Jörg fährt auf Schikurs mit oder er bleibt zu Hause und besucht die Schule.
9. Harald geht nach der dritten Stunde weg denn er muss zum Zahnarzt.
10. Unsere ausländischen Freunde bleiben eine Woche und wollen sich Wien anschauen.

das – dass

das = Artikel, Relativpronomen, Demonstrativpronomen
    ERSATZWÖRTER: **dieses, dies, welches, es**

dass = Konjunktion (verbindet Sätze)
    KEIN ERSATZWORT

Das Buch ist spannend. (Artikel)
Das ist ein spannendes Buch. (Demonstrativpronomen)
Ich lese ein Buch, **das** spannend ist. (Relativpronomen)

Ich hoffe, **dass** das Buch auch für dich spannend ist. (Konjunktion)

Gib an, welches „das/dass" grammatikalisch vorliegt!
Schreibe es in Klammer!

1. Ich bewundere dich, **dass** du **das** geschafft hast. **(Konjunktion, Demonstrativpronomen)**
2. **Das** gehört nicht hierher.
3. Gehört **das** Besteck in diese Lade?
4. **Das** Treffen der Klassensprecher, **das** vom Schulsprecher einberufen wurde, findet schon heute statt.
5. Hast du **das** Läuten nicht gehört?
6. **Das** Abschreiben der Vokabeln hilft mir, **dass** ich sie mir besser merke.
7. Ich finde **das** unerhört, **dass** sie sich das Seidentuch einfach mitnimmt!
8. Ich finde, **dass** ihr das Kleid, **das** sie gestern getragen hat, wirklich gut steht.
9. Meinst du **das** wirklich?
10. **Das** ist **das** älteste Badehaus der Stadt, **das** schon von den Römern besucht wurde.

Präpositionen

Mithilfe von Präpositionen (Verhältniswörter) **fügst** du **Satzglieder und Satzgliedteile aneinander**.

Präpositionen sagen etwas darüber aus, in welchem Verhältnis die Dinge und Personen zueinander stehen.

Präpositionen **stehen immer vor Nomen oder Pronomen** und **verlangen einen bestimmten Fall**.

Häufig vorkommende Präpositionen, die

- den **3. Fall** verlangen: aus, außer, bei, mit, nach, von, seit, zu
- den **4. Fall** verlangen: durch, für, gegen, ohne, um
- den **3. oder 4. Fall** verlangen: an, auf, hinter, in, neben, über, unter, vor, zwischen

  FRAGE: **Wo?** ⟶ **3. Fall**

  FRAGE: **Wohin?** ⟶ **4. Fall**

- den **2. Fall** verlangen: anstelle, außerhalb, bezüglich, diesseits, infolge, innerhalb, jenseits, oberhalb, seitens, statt, trotz, während, wegen ...

Markiere die Präposition und bestimme den Fall, den sie verlangt!

1. Ich denke an dich.
2. Der Bettler bittet um etwas Essbares.
3. Die Tochter sorgt sich um den alten Vater.
4. Sie sorgen für den kleinen Waisenknaben.
5. Der kleine Daniel fürchtet sich vor dem Donner.
6. Sie geht mit dem Hund spazieren.
7. Diese Tücher riechen nach etwas Modrigem.
8. Sie lehnt sich gegen den Türstock.
9. Drago bäckt eine Torte anstelle eines Strudels.
10. Der Tourist fragt uns nach dem schnellsten Weg zum Bahnhof.

Eine **Präposition** wird oft **mit einem Artikel zusammengezogen**.

Beispiele: zu dem = **zum**, an dem = **am**, in dem = **im**, bei dem = **beim**, von dem = **vom** ...

Diese Komposita (Zusammensetzungen) müssen besonders bei der Großschreibung beachtet werden.

zum **S**chreiben = **zu dem S**chreiben

beim **L**aufen = **bei dem L**aufen

im **S**itzen = **in dem S**itzen

Unterstreiche die Komposita (Präposition und Artikel) und achte auf die mögliche Großschreibung! Setze die Wörter, die in Blockbuchstaben geschrieben sind, in Schreibschrift ein!

1. Peter hat sich beim LANGLAUFEN _____ den Arm gebrochen.
2. Sie erledigt diese Arbeit im SITZEN _____ .
3. Beim LIEGEN _____ spüre ich keinen Schmerz.
4. Sie laufen im NASSEN _____ .
5. Vom VIELEN SCHREIBEN _____ schmerzt mich die Hand.
6. Zum SCHNELLEREN ARBEITEN _____ benötigt sie einen neuen Computer.
7. Werner isst immer im STEHEN _____ .
8. Ich fahre zum BILLIGSTEN _____ Supermarkt.
9. Athina verkauft das Moped zum NIEDRIGSTEN _____ Listenpreis.
10. Vom VIELEN GIESSEN _____ sind die Blätter ganz gelb.

Kompetenz-Check

Das kann ich jetzt!

Kreuze an, was zutrifft! Falls du dich bei dem einen oder anderen Punkt noch nicht sicher fühlst, blättere nochmals zurück und wiederhole diesen Abschnitt!

Ich kann ...	Falls ich noch unsicher bin, kann ich hier nachschlagen:
☐ ... nebenordnende und unterordnende Konjunktionen (Bindewörter) unterscheiden und richtig verwenden.	S. 67, 68
☐ ... Beistriche vor *und* und *oder* richtig setzen.	S. 67
☐ ... die Konjunktion *dass* von *das* (Artikel, Relativpronomen, Demonstrativpronomen) grammatikalisch unterscheiden.	S. 68, 71, 72

Ich kann ...	Falls ich noch unsicher bin, kann ich hier nachschlagen:
☐ ... Präpositionen (Vorwörter/Verhältniswörter) erkennen und ihren verlangten Fall erfragen.	S. 69
☐ ... Komposita (Zusammensetzungen von Präposition + Artikel) erkennen und bei der Großschreibung beachten.	S. 69

Großer Schlusstest zu den Wortarten

Ü 105

Ordne die Wörter aus dem Wortkasten in Schreibschrift richtig in die Spalten!

VORHER	AUS	INDEM	OB	DAHER	SCHNELL	ZWISCHEN
FAHRT	ABER	OBEN	HIER	SONDERN	ABSONDERN	WEIL
GRUBE	GRUB	DRINNEN	DASS	VORNE	VOR	KLEIN	SO
RANNTE	FÜHRT	FÜR	FÜHRE	ZEUG	ZEUGEN	JUNG
SEHR	FIEL	VON	UND	UNTER	UNSINN	GUT	GÜTE
IMMER	GAST	GING	GEKOMMEN	KUNDE	KÜHN	NACH
NACHDEM	BEIM	ALS	BESSER	DORT	AUF	PLATT	ODER
IST	SAUBER	SEIT	SEID	SEIDE	WUNDERBAR	ALT	GEGEN
UNTER	BAND	HELL	HÖHER	HOCH	VIEL	BORGEN	ANSTATT

Nomen	
Verb	
Adjektiv	
Adverb	
Präposition	
Konjunktion	

106

Setze „das" oder „dass" ein!
Schreibe in die Randspalte, welches das/dass grammatikalisch vorliegt!
(Demonstrativpronomen = DP, Relativpronomen = RP, Artikel = A, Konjunktion = K)

1   ich meine letzten Osterferien in London verbringen musste, war die _____

Idee meiner Mutter. Sie hatte mich für einen Englischsprachkurs angemeldet, _____

da _____ Halbjahrszeugnis eine für sie besorgniserregende Note aufwies. _____

Vormittags sollte ich in Englisch unterrichtet werden und _____ sehens- _____

5 werte London kennenlernen und den späten Nachmittag und den Abend bei _____

einer Gastfamilie verbringen. _____

Und so war _____ dann auch! _____

Ich hatte _____ Schlimmste erwartet, aber es war eigentlich sehr lustig, _____

und meine Englischkenntnisse verbesserte ich auch. _____

10 _____ Lernen am Vormittag war nicht allzu anstrengend, und mit unserem _____

Englischlehrer, Mr. Folk, hatten wir auch viel Spaß. _____

Seinen Unterricht begann er so, _____ er uns einen Witz erzählte. Sein _____

englischer Humor war nicht _____, was wir so richtig witzig fanden, _____

daher fiel _____ Lachen oft aus. Aber als er dann komische Grimassen _____

15 schnitt und uns nachmachte, fanden wir _____ sehr witzig und brüllten _____

los vor Lachen. _____

_____ Leben in meiner Gastfamilie war für mich sehr angenehm. Ich _____

wurde von der Familie des Pastors, _____ ist ein englischer Pfarrer, sehr _____

freundlich aufgenommen. Mr. und Mrs. Bright, ihre beiden Kinder, Charly und _____

20 Debbie, und Grandma waren ausgesprochen liebenswürdig, so _____ _____

ich kaum Heimweh hatte. _____

Besonders Grandma schloss mich sofort ins Herz und zeigte mir _____ _____

auch. Schon am ersten Nachmittag klopfte sie an meine Zimmertür und fragte, _____

ob ich etwas bräuchte. Sie brachte mir später ein Tablett, auf _____ sie _____

25 eine große Tasse Tee mit Milch und einen Teller mit Keksen gestellt hatte. _____

Ich bedankte mich für ▒▒▒▒▒ Servierte und wollte meine Ansichtskarten   _____

weiterschreiben. Sie blieb aber im Zimmer und wollte, ▒▒▒▒▒ ich den Tee   _____

sofort koste. „▒▒▒▒▒ ist sehr gesund für junge Leute und viel besser als   _____

Cola oder Kaffee", meinte sie. Sie versicherte mir stolz, ▒▒▒▒▒ dieser Tee   _____

30   nach einem traditionellen Rezept zubereitet sei, ▒▒▒▒▒ in ihrer Familie   _____

seit Generationen weitergegeben werde.   _____

Ich kostete und schmeckte sofort, ▒▒▒▒▒ ▒▒▒▒▒ Getränk nicht meine   _____

Geschmacksrichtung getroffen hatte, und bedauerte die Generationen von   _____

Jugendlichen, die ▒▒▒▒▒ schon trinken mussten.   _____

35   „It tastes very well! Thank you!", schwärmte ich, denn ich wollte diese   _____

freundliche Frau und ihre englischen Vorfahren nicht beleidigen.   _____

Oma hatte sich endlich verabschiedet, und ich nutzte ▒▒▒▒▒ sofort aus   _____

und schüttete den übrigen Tee in eine Vase, die auf einem Wandregal stand.   _____

Jeden Tag brachte sie mir um fünf Kekse und Tee, weil mir ▒▒▒▒▒ ja so   _____

40   gut schmeckte. Ich war, ehrlich gesagt, zu feige, um ihr die Wahrheit zu sagen.   _____

Wie konnte ich auch damit rechnen, ▒▒▒▒▒ sie ▒▒▒▒▒ freundliche Lob   _____

über ihren Tee so ernst nahm.   _____

Ich benetzte meine Lippen mit Tee, lächelte sie dankend an und schüttete   _____

nach ihrem Verschwinden ▒▒▒▒▒ Übrige der Tasse in die Vase.   _____

45   Leider war ▒▒▒▒▒ Gefäß am dritten Tag voll, und so musste ▒▒▒▒▒   _____

kleine Porzellandöschen vom Nachttisch gefüllt werden. Nach einer Woche   _____

hatte ich alle möglichen Gefäße gefüllt, und der Tee mit Milch machte sich   _____

auch schon durch seinen Geruch bemerkbar. ▒▒▒▒▒ störte mich weiter   _____

nicht, denn ich sollte am nächsten Tag abreisen.   _____

50   Wie erstaunt würden sie sein, wenn sie ▒▒▒▒▒ Geheimnis der Gefäße   _____

entdeckten. Ich wollte mir ▒▒▒▒▒ lieber nicht ausmalen.   _____

Ein paar Wochen später, ich glaube, ▒▒▒▒▒ es zu Pfingsten war, erhielten   _____

wir von Charly und Debbie einen Brief.   _____

Sie bedankten sich für das Paket mit Mozartkugeln und Sachertorte, ▒▒▒▒▒   _____

55   ihnen meine Mutter als Dankeschön geschickt hatte. Sie schrieben: „Thank   _____

you! It tastes very well!" – Ich hoffe nur, ▒▒▒▒▒ sie ▒▒▒▒▒ wirklich   _____

ehrlich meinten und nicht, wie ich, aus falsch gemeinter Höflichkeit nur so   _____

sagten. Denn sonst werden auch sie sich beim nächsten Paket überlegen   _____

müssen, wo sie die traditionellen Spezialitäten entsorgen wollen.   _____

Noch einmal soll die Superhenne Hanna zu Wort kommen.
Sie hat es mithilfe ihres Bauern, seiner Kinder und des Fuchses Bartl geschafft, die armen
Hühner aus ihrem „Hühnergefängnis" zu befreien. Nun will sie die Hennen an einen geheimen
Ort führen. Bestimme die Wortarten! Schreibe über jedes Wort, welcher Wortart es angehört!
Folgende Abkürzungen werden im Lösungsteil verwendet:
RP = Relativpronomen, PP = Personalpronomen, DP = Demonstrativpronomen, ReP = Reflexivpronomen,
IP = Indefinitpronomen, PoP = Possessivpronomen, Ad = Adverb, Adj = Adjektiv, A = Artikel,
unb. A = unbestimmter Artikel, K = Konjunktion, Präp. = Präposition, Präp.* = Kompositum aus
Präposition + Artikel, N = Negation

„Wir brechen jetzt auf", sagte ich zum Bauern. „Vielen, vielen Dank für deine

Hilfe. Und euch, Sebastian und Theresa, danke ich auch von Herzen!" Der Bauer

und die Kinder wünschten mir viel Glück und machten sich auf den Heimweg.

Die Hühner standen um mich herum und sahen mich erwartungsvoll an.

„Liebe Schwestern", sagte ich, „wir müssen nun sehr weit gehen. Ich weiß, dass

ihr das Gehen <u>nict</u> **N** gewohnt seid und dass <u>es</u> **PP** für euch <u>nict</u> **N** leicht sein wird.

Aber ihr müsst durchhalten. Ihr müsst durchhalten, sonst war alles umsonst!"

Die Hühner nickten eifrig und konnten <u>es</u> **PP** kaum erwarten loszugehen. Ich ließ sie

eine Dreierreihe bilden und schärfte ihnen ein möglichst wenig zu gackern und

auf dem Weg keinen Kot zu hinterlassen, weil man uns sonst schnell finden

würde. (...)

Nun setzte ich mich an die Spitze des Zuges und wir marschierten los. Zuerst

gingen wir ein Stück durch den Wald, dann erreichten wir den Schotterweg, der

ins Gebirge führte. (...) Zwischendurch flog ich immer wieder die (...) einen Kilometer

lange Kolonne zurück, schaute, ob alles in Ordnung war, und sprach meinen

Schwestern Mut zu. <u>Es</u> **PP** fiel mir auf, dass sie nun viel weniger stotterten als im

Gefängnis. Anscheinend hatten sie mit der Freiheit auch eine fast normale Sprache

erlangt. Ich freute mich sehr (...).

(Aus: Felix Mitterer: Superhenne Hanna.15., neu überarbeitete Auflage. Wien G&G 2003. S. 99f)

Eine Frage – drei Antworten: Aber nur eine Antwort ist richtig!
Kreuze die richtige Antwort an!

108

1. **Haben, sein, werden** sind
   ☐ Modalverben.   ☐ Hilfsverben.   ☐ Vollverben.

2. Der Gehsteig wird vom Schneeräumdienst gesäubert.
   Dieser Satz steht im   ☐ Aktiv.   ☐ Vorgangspassiv.   ☐ Zustandspassiv.

3. **Dieser, diese, dieses** sind
   ☐ Personalpronomen.   ☐ Possessivpronomen.   ☐ Demonstrativpronomen.

4. Eine Verbform ohne Personalendung bezeichnet man als
   ☐ infinite Form.   ☐ finite Form.   ☐ imperative Form.

5. Artikel sind ... des Nomens.
   ☐ Begleiter.   ☐ Vorwörter.   ☐ Vertreter.

6. Das Geschlecht eines Nomens wird angezeigt durch
   ☐ die Endung.   ☐ den Artikel.   ☐ das Verb.

7. Schwache Beugung eines Nomens erkennst du

    ☐ an der Endung des 2. Falles.   ☐ am Plural.   ☐ am Artikel.

8. **Und, auch, oder, aber, sondern, denn** sind

    ☐ nebenordnende Konjunktionen.   ☐ unterordnende Konjunktionen.   ☐ Adverbien.

9. **Man, niemand, jeder, alle, beide, etwas** sind

    ☐ Indefinitpronomen.   ☐ Reflexivpronomen.   ☐ Relativpronomen.

10. Als Ersatzwort für den Dativ kannst du … nehmen.

    ☐ mein   ☐ mich   ☐ mir

Ü

109

Wie gut kennst du dich in der Wortlehre aus? Kreuze an, ob die Sätze richtig oder falsch sind! Stelle anschließend die zehn falschen Sätze richtig!

	richtig	falsch
1. Die Wörter **mögen, wollen, müssen** sind **Modalverben**.	____	____
2. Ein Adjektiv kann adverbiell, attributiv oder prädikativ gebraucht sein.	____	____
3. Die **finite Form** des Verbs ist die unbestimmte Form des Zeitworts.	____	____
4. **Meinen, scheinen, pflegen** sind **Hilfsverben**.	____	____
5. Der **Konjunktiv** ist die **Wirklichkeitsform**.	____	____
6. **Reflexivpronomen** nennt man auch **rückbezügliche Fürwörter**.	____	____
7. Die Wörter **und** und **oder** sind **nebenordnende Konjunktionen**.	____	____
8. Der **Konjunktiv I** wird mit dem **Infinitiv** gebildet.	____	____
9. Der **Imperativ** ist die **Möglichkeitsform**.	____	____
10. Es gibt **stark, schwach** und **gemischt gebeugte Verben**.	____	____
11. Die **Beugung des Nomens** nennt man **Konjugation**.	____	____
12. Das **Adverb** nennt man auch **Eigenschaftswort**.	____	____
13. Der **Konjunktiv II** wird mit dem **Präteritum** gebildet.	____	____
14. **Unterordnende Konjunktionen** können **Hauptsätze** verbinden.	____	____
15. In der **indirekten Rede** verwendest du den **Konjunktiv I**.	____	____
16. Das **Vorgangspassiv** wird mit **sein + 2. Partizip** gebildet.	____	____
17. Die **Abwandlung des Verbs** nennt man **Deklination**.	____	____
18. Der **Infinitiv** wird auch **Nennform** genannt.	____	____
19. Das **Partizip Präsens** (z. B. laufend) wird auch **2. Partizip** genannt.	____	____
20. **Indefinitpronomen** sind **unbestimmte Fürwörter**.	____	____

Richtigstellung:

_____

_____

_____

_____

_____

_____

_____

_____

_____

_____

Vervollständige die Sätze!
Du kannst die angeführten Wörter zu Hilfe nehmen und sie passend in den Lückentext einsetzen!

Demonstrativpronomen, Relativpronomen – vor, statt – kein –
indirekte, Unmögliches – klein – gesteigert – Nomen –
einteilige, Vollverb – zweiteilige, Hilfsverb, Vollverb – mir, mich – Vertreter –
nebenordnende, unterordnende – Zeit, Grund, Ort, Art und Weise – vor

1. Perfekt, Plusquamperfekt, Futur I und Futur II sind _____ Zeitformen.
   Zur Bildung benötigst du ein _____ und ein _____ .
2. Konjunktiv I verwendest du für die _____ Rede, Konjunktiv II, um
   scheinbar _____ auszudrücken.
3. Unbestimmte Zahlwörter schreibst du immer _____ , auch wenn ein
   Artikel davor steht.
4. Das Personalpronomen ist ein _____ für ein Nomen.
5. Das Possessivpronomen steht _____ einem Nomen oder
   _____ eines Nomens.
6. Adverbien machen nähere Angaben zu _____ .
7. Ein Relativpronomen bezieht sich meist auf ein _____ des
   übergeordneten Satzes.
8. Man unterscheidet zwei Arten von Bindewörtern: _____ und
   _____ .
9. Präsens und Präteritum sind _____ Zeitformen. Sie werden mit einem
   _____ gebildet.
10. Ein Adjektiv erkennst du daran, dass es _____ werden kann.
11. Präpositionen stehen _____ Nomen oder Pronomen.
12. Für die Konjunktion „dass" kannst du _____ Ersatzwort einsetzen.
13. Das Wörtchen „das" kann ein Artikel, ein _____ oder ein
    _____ sein.
14. Als Probe für den 3. Fall kannst du _____ einsetzen, für den 4. Fall
    _____ .

Lateinische und deutsche Bezeichnungen sind gefragt! Ergänze die Tabelle!

lateinische Bezeichnung	deutsche Bezeichnung
Indikativ	_____
Präsens	_____
_____	Mitvergangenheit
_____	Vorvergangenheit
Perfekt	_____
Partizip	_____
_____	Zeitwort
Dativ	_____
Konjunktiv	_____

lateinische Bezeichnung	deutsche Bezeichnung
	Zukunft
Hilfsverb	
Adverb	
Infinitiv	
	Eigenschaftswort
Genitiv	
Nominativ	
	Befehlsform
Numerale	
Possessivpronomen	
Relativpronomen	
	persönliches Fürwort
Demonstrativpronomen	
	unbestimmtes Fürwort
	Bindewort
	Vorwort
	rückbezügliches Fürwort
Nomen	
Akkusativ	

Kompetenz-Check

Das kann ich jetzt!

Kreuze an, was zutrifft! Falls du dich bei dem einen oder anderen Punkt noch nicht sicher fühlst, blättere nochmals zurück und wiederhole diesen Abschnitt!

Ich kann ...	Falls ich noch unsicher bin, kann ich hier nachschlagen:
☐ ... die Wortarten (Nomen, Verb, Adjektiv, Adverb, Pronomen, Präposition, Konjunktion) unterscheiden und Beispiele richtig zuordnen.	S. 70, 71
☐ ... die Wortarten bestimmen.	S. 72, 73
☐ ... Aussagen über die Wortarten als richtig oder falsch erkennen.	S. 73, 74, 75
☐ ... lateinische und deutsche Bezeichnungen in der Wortlehre richtig verwenden.	S. 76

Satzlehre

In den folgenden Kapiteln wird dein Wissen über die Satzlehre überprüft, verbessert und erweitert. Das von dir in der 1. und 2. Klasse Gelernte wird wiederholt, mit Übungen vertieft und mit Neuem ergänzt.

Das Wichtigste aus jedem Kapitel wird wieder in **übersichtlichen und leicht verständlichen Zusammenfassungen** dargestellt, sodass du **auf einen Blick** jederzeit Fragen schnell klären, Vergessenes auf einfache Weise wiederholen und dir Neues rasch einprägen kannst.

Satzglieder

Du kannst mit der **Verschiebeprobe** feststellen, welche Wörter im Satz ein Satzglied bilden (= zusammengehören).
Das **Prädikat** steht im Aussagesatz immer an **2. Satzgliedstelle**.

Bogdan	geht	nach der Schule	zu seinem Freund. (= 4 Satzglieder)
Bogdan	geht	zu seinem Freund	nach der Schule.
Nach der Schule	geht	Bogdan	zu seinem Freund.
Zu seinem Freund	geht	Bogdan	nach der Schule.

Prädikat und Subjekt

Das **Prädikat** (Satzaussage) wird von einem **Verb** (Zeitwort) gebildet.
Du fragst nach dem Prädikat mit „**Was wird ausgesagt?**".

Bei mehrteiligen Prädikaten steht die **Personalform an 2. Satzgliedstelle** und das **aussagende Verb am Satzende**. Beide zusammen bilden ein Satzglied.
Ihre Verbindung nennt man **Verbklammer**.

Prädikate können mehrteilig sein, wenn:
- das **Verb einen Zusatz hat** (z. B. auf-legen, zu-schauen, um-werfen)
- eine **mehrteilige Zeitform** (Perfekt, Plusquamperfekt, Futur) vorliegt (= Hilfsverb + aussagendes Verb)
- ein **Modalverb + Verb** verwendet wird (… wollen spielen, … sollen lernen)

Sandra (legt) eine CD (ein). (Verb + Zusatz) (= 3 Satzglieder)
  Verbklammer

Die Gewinner (werden) von allen (gefeiert). (Hilfsverb + Verb) (= 3 Satzglieder)
  Verbklammer

Die Schüler (wollen) im Schulhof (spielen). (Modalverb + Verb) (= 3 Satzglieder)
  Verbklammer

Führe bei folgendem Satz die Verschiebeprobe durch!

Bogdan	ist	nach der Schule	zu seinem Freund	gegangen.
_____	_____	_____	_____	_____
_____	_____	_____	_____	_____
_____	_____	_____	_____	_____

Ü 113

Unterstreiche in den Sätzen jeweils das Prädikat und gib bei mehrteiligen Prädikaten an, wie sie sich zusammensetzen!

1. Hinter dem Kinderspielplatz befindet sich eine kleine Wiese.
2. Dort haben wir einander öfters getroffen.
3. Max, Jan, Lejla und ich spielen auf dieser Wiese Fußball.
4. Letztens schauten uns vier türkisch sprechende Buben zu.
5. Wir verstanden sofort ihre Absicht.
6. Sie wollten gegen uns spielen.
7. Seit ein paar Wochen treffen wir einander auf unserer Fußballwiese.
8. Es macht allen großen Spaß.
9. Fußball ist wirklich eine „internationale Sprache".

Das **Subjekt** (Satzgegenstand) wird von einem **Nomen** (Namenwort) oder **Pronomen** (Fürwort) gebildet. Das Subjekt sagt dir, **wer etwas tut.**
Du fragst nach dem Subjekt mit „**Wer oder was?".**
Das Subjekt steht immer im Nominativ (**1. Fall**).

(S Wer oder was?)

    Deniz   geht   nach der Schule   zu seinem Freund.

Markiere jeweils das Subjekt!

1. Demnächst wird der neue Sportplatz eröffnet.
2. Auf diesem großen Gelände wird es auch einen Baseballplatz geben.
3. Mein Bruder und ich möchten dort gerne spielen.
4. Wir interessieren uns für dieses Ballspiel seit unserem Amerikaaufenthalt.
5. Im Internet habe ich die komplizierten Regeln nachgelesen.
6. Die notwendige Ausrüstung haben uns unsere Eltern aus Amerika mitgebracht.
7. Vielleicht begeistern sich auch andere für diese Sportart.
8. Ich kann das erste Training kaum erwarten.

Markiere die Subjekte in Übung 113 und gib an, wie viele Satzglieder die einzelnen Sätze haben!

Unterstreiche die Prädikate in Übung 114 und gib an, wie viele Satzglieder die einzelnen Sätze haben!

Objekte

Satzglieder, die **zum Prädikatsteil gehören**, heißen **Objekte** (Ergänzungen).
Sie nennen **am Geschehen beteiligte Personen und betroffene Dinge** oder führen **nähere Umstände des Geschehens** an.

Wir unterscheiden:
- **Objekte** (Reine Fallergänzungen)
- **Adverbiale Bestimmungen** (Umstandsergänzungen)
- **Präpositionalobjekte** (Vorwortergänzungen)

Reine Fallergänzungen

Fall	Fragewort	Beispiel
1. Fall (Nominativ)	Wer oder was?	**Wir** wählen eine Klassensprecherin.
2. Fall (Genitiv)	Wessen?	Einer hat sich **der Stimme** enthalten.
3. Fall (Dativ)	Wem?	Ich gebe meine Stimme **der besten Rednerin**.
4. Fall (Akkusativ)	Wen oder was?	Alle haben **die Stimmzettel** abgeben.

Akkusativobjekte bezeichnen <u>oft</u> Gegenstände, **Dativobjekte** <u>meist</u> Lebewesen.

Genitivobjekte werden sehr selten verwendet.
Meist wird ein Präpositionalobjekt (Vorwortergänzung) verwendet.

Sie erinnerte sich <u>des längst vergangenen Ereignisses</u>.

Sie erinnerte sich <u>an das längst vergangene Ereignis</u>.

Bestimme das Subjekt und die reinen Fallergänzungen!
Unterstreiche sie und schreibe die Fragen dazu! Achtung: Es gibt auch Vorwortergänzungen!

1. Zu Schulbeginn haben wir drei neue Schülerinnen in unsere Klasse bekommen.
2. Unser Klassenvorstand setzte mich neben eine neue Schülerin.
3. Ich sollte mich ihrer annehmen.
4. Anfangs war ich von dieser Idee gar nicht begeistert.
5. Lieber wollte ich neben meiner Nachbarin aus dem Vorjahr sitzen.
6. Die Neue trägt verrückte Kleidung und hat kurze rote Haare.
7. Sie ist aber sehr nett und auch schlau.
8. Gestern erklärte sie mir eine schwierige Rechenaufgabe und rühmte sich nicht ihres Wissens.
9. Morgen wollen wir gemeinsam Englischvokabeln lernen.
10. Wir reden oft über Mode und Musik, und sie hat einen guten Geschmack.
11. Wir entdecken viele gemeinsame Interessen.
12. Vielleicht kann sie mich auch gut leiden, und wir werden gute Freundinnen.

Erinnere dich:
Wichtig ist die **Unterscheidung zwischen Dativ und Akkusativ**.
Du kannst **Ersatzwörter** zu Hilfe nehmen:
mir ⟶ 3. Fall (Wem?)
mich ⟶ 4. Fall (Wen oder was?)

Ü

118

Setze die richtige Fallendung für Dativ oder Akkusativ ein!
Verwende, wenn nötig, das Ersatzwort zur Probe!

1. Ich habe von meine   Freund eine   kleine   Begleiter aus Plüsch geschenkt bekommen.
2. Robbi, so heißt das Plüschtier, hängt an meine   Rucksack.
3. Ich nehme de   kleine   Glücksbringer überallhin mit.
4. Wenn wir eine   Test schreiben, sitzt Robbi auf meine   Federpennal.
5. Wenn ich eine   Zahnarzttermin habe, wartet Robbi in meine   Hosensack.
6. Seit ich de   kleine   Begleiter habe, läuft alles wunderbar.
7. Letztens dachte ich schon, ich hätte ih   verloren.
8. Den ganzen Tag war ich in Sorge um meine   Liebling.
9. Gott sei Dank habe ich ih   am Abend unter de   Kopfpolster entdeckt.
10. Beim Abendessen durfte er vor meine   Teller sitzen.
11. Meine Mutter erklärte mi   , dass ich maßlos übertreibe.
12. Ich frage mi   , was denn daran übertrieben sein soll.

Gleichsetzungsglied im Nominativ und im Akkusativ

Die Verben **sein** und **werden** können eine Ergänzung im 1. Fall verlangen.
Dieses Objekt steht dann **wie das Subjekt** im 1. Fall. Du fragst mit **„Wer oder was?"**.
Diese Ergänzung nennt man **Gleichsetzungsglied im Nominativ**.

(S)   (O1 Wer oder was?)
Das Lachen ist die beste Medizin.

(S)   (O1 Wer oder was?)
Sophie und Laura waren die besten Freundinnen.

(S)   (O1 Wer oder was?)
Gregor wird Sportlehrer.

Die Position ist auch vertauschbar, aber das ist oft inhaltlich nicht sinnvoll.

(S)   (O1)
Die beste Medizin ist Lachen. ⟵ Lachen ist die beste Medizin.

(S)   (O1)
Spielzeug ist kein Werkzeug. ⟵ Werkzeug ist kein Spielzeug.

Unterstreiche das Gleichsetzungsglied im Nominativ in den folgenden Sätzen!

1. Gerhards Vater war Fernfahrer.
2. Hatice wird Volksschullehrerin.
3. Stan Laurel und Oliver Hardy sind berühmte Komiker gewesen.
4. Das ist doch eine Frechheit.
5. Diese Raupen sind eine Plage im Garten.
6. Die Wikinger waren gefürchtete Seefahrer.
7. Was ist ein Elfmeter?
8. Sind alle Teilnehmer dieses Kurses Schüler?
9. Er war der schnellste Läufer.
10. Sie ist unsere neue Religionslehrerin.

Es gibt Verben (z. B. nennen, heißen, schimpfen), die eine **Gleichsetzung von zwei Ergänzungen im 4. Fall** bewirken. Du fragst mit „**Wen oder was?**".
Die zweite Ergänzung nennt man **Gleichsetzungsglied im Akkusativ.**

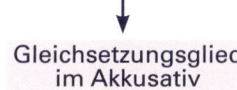

Sie nennt <u>ihre Schwester</u> <u>eine Lügnerin</u>. (Schwester = Lügnerin)

Gleichsetzungsglied
im Akkusativ

Unterstreiche das Gleichsetzungsglied im Akkusativ in den folgenden Sätzen!

1. Ernst schimpft ihn einen Dummkopf.
2. Er schimpft Ernst wiederum einen Esel.
3. Sie nennt ihren Freund einen Romantiker.
4. Man nennt das in der Fachsprache „Mobbing".
5. Der König hat ihn einen Aufschneider geheißen.

Adverbiale Bestimmungen

Adverbiale Bestimmungen (Umstandsergänzungen) geben **Ort, Zeit, Grund** und **Art und Weise** eines Geschehens genauer an.
Wir unterscheiden:

- **Ortsergänzung/OE** (lokal): Wo? Woher? Wohin? Wie weit?
  Georg geht <u>in die Nachmittagsbetreuung</u>. **Wohin?**
- **Zeitergänzung/ZE** (temporal): Wann? Wie lange? Wie oft? Seit wann? Bis wann?
  Er bleibt dort <u>bis zum späten Nachmittag</u>. **Wie lange? Bis wann?**
- **Begründungsergänzung/BE** (kausal): Warum? Weshalb? Wieso? Weswegen?
  Georg muss dort <u>wegen seiner Lernprobleme</u> üben.
  Warum? Weswegen?
- **Artergänzung/AE** (modal): Wie? In welcher Art?
  Er geht <u>gerne</u> dorthin. **Wie?**

Ordne die Umstandsergänzungen in die Zeilen ein!

in der Früh – wegen der schlechten Sicht – gewissenhaft – drei Stunden lang –
nach Osten – wie ein Elefant – eines Tages – im Turnsaal – ohne Durchlesen –
um deinetwillen – nach der fünften Stunde – hinter der Scheune – um acht –
im Schnee – sehr schnell – gerade noch rechtzeitig – aus Verzweiflung –
wegen der Geschenke – nach Wagrain – vor Zorn – genau

ZE (Wann? Wie lange?): _____

_____

AE (Wie?): _____

_____

OE (Wo? Wohin?): _____

_____

BE (Warum?): _____

_____

Unterstreiche die Umstandsergänzungen und gib an, um welche es sich handelt! Schreibe das Fragewort darüber! Achtung: In den Sätzen finden sich auch reine Fallergänzungen und Vorwortergänzungen!

1. Am Montag werden einige aus unserer Klasse eine gesunde Jause herrichten.

2. In der Pausenhalle werden Tische für dieses schmackhafte Buffet aufgestellt.

3. Dort werden Obst, Gemüse, Milchprodukte, Fruchtsäfte und frisches Vollkorngebäck angeboten.

4. Wir wollen die Schülerinnen und Schüler gewissenhaft über gesunde Ernährung informieren.

5. Wegen der schlechten Ernährung leiden viele Jugendliche an Über- oder Untergewicht.

6. Auch die Konzentrationsfähigkeit und die Merkfähigkeit werden maßgeblich durch die Ernährung beeinflusst.

7. Um zehn Uhr treffen wir uns in der Schulküche, denn in der großen Pause muss alles sorgfältig hergerichtet sein.

8. Unsere Turnlehrerin und unsere Biologielehrerin helfen uns bei dieser Aktion.

9. Gerade noch rechtzeitig sind die Informationsfolder fertig geworden.

10. Wir hoffen, dass wir an diesem Tag viele Schüler mit unserer Botschaft erreichen können.

Präpositionalobjekte

Präpositionalobjekte (Vorwortergänzungen) sind Objekte im 2., 3. oder 4. Fall, denen **eine Präposition** (Vorwort) **vorausgeht**. Die **Präposition** ist **mit dem Verb fest verbunden** und dient dazu, ein Nomen anzuschließen.
Zum Fragewort nach dieser Ergänzung **tritt die Präposition hinzu**.

     Verb Präp.   Nomen
Ich denke **an** die nächsten Ferien (Ersatz: dar**an**).
Wor**an**? Präpositionalobjekt (**PO**) im 4. Fall: Ich denke **an** wen oder was?

Von dem schnellen Laufen (Ersatz: da**von**) hatte er Seitenstechen.
Wo**von**? PO im 3. Fall: **Von** wem hatte er Seitenstechen?

 Jede Präposition fordert **einen bestimmten Fall**.
Du kannst bei dem PO eine Ersatzprobe (z. B. dar**an**, dar**in**, dar**über** ...) machen.

Präpositionalobjekte (PO) können sehr leicht mit **Adverbialbestimmungen** (Umstandsergänzungen) verwechselt werden.
Achte auf das Fragewort! Bei einem PO findet sich **im Fragewort die Präposition** wieder.

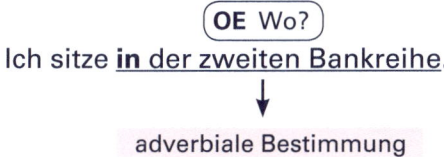

    (OE Wo?)   (PO Worin?)
Ich sitze **in** der zweiten Bankreihe.   Er ist gut **in** Kopfrechnen.
           ↓   ↓
   adverbiale Bestimmung   Präpositionalobjekt im 3. Fall
                            Ersatzprobe: Er ist gut darin.

Ü

123

Unterstreiche das Präpositionalobjekt, schreibe das Fragewort in die Zeile darunter und bestimme den Fall! Mache auch die Ersatzprobe!

1. Florian freut sich **über** den Einser.
   Wor**über**? PO im 4. Fall: Florian freut sich **über** wen oder was? Ersatzprobe: dar**über**

2. Ob ich auf Zeltlager mitfahren darf, hängt von meinem Zeugnis ab.
   _____

3. Der Buslenker beschwerte sich über die ungezogenen Schüler.
   _____

4. Jeden Tag denke ich an dich.
   _____

5. Die Umweltschutzgruppe in unserer Schule setzt sich auch für Tierschutz ein.
   _____

6. Ivana leidet an starken Kopfschmerzen.
   _____

7. Er hält sich nicht an die Schulordnung.
   _____

8. Ich hoffe auf eine leichte Schularbeit.
   _____

9. Unsere Klasse setzt sich für Mülltrennung in der Schule ein!
   _____

Unterscheide Präpositionalobjekt und adverbiale Bestimmung!
Unterstreiche sie in den Sätzen und gib auch das Fragewort an!

124

1. Gestern habe ich aus Zerstreutheit irgendwo meinen Rucksack verloren.

2. Nach der letzten Schulstunde hatte ich ihn am Rücken und ging Richtung Schulhof.

3. Ich weiß genau, dass mein Handy läutete und ich den Rucksack auf den Boden in der Aula stellte.

4. Zu Hause bemerkte ich erst vor der Haustür, dass ich meinen Schlüssel nicht bei mir hatte.

5. Der Schlüssel war in meinem Rucksack, und dieser war nicht auf meinem Rücken.

6. Im Erinnern bin ich leider nicht gut.

7. Panisch lief ich zum Bahnhof und fragte nach einem abgegebenen Rucksack.

8. Der Beamte sagte, er könne mir über Fundsachen von heute erst morgen Auskunft geben.

9. Traurig schlenderte ich zur Schule und ärgerte mich über meine Dummheit.

10. Ich wollte in unsere Klasse laufen, da stolperte ich plötzlich über meinen Rucksack.

11. Ich muss während des Telefongesprächs gedankenlos weiter zum Ausgang gegangen sein.

12. Über mein schlechtes Gedächtnis habe ich mich schon oft geärgert.

13. Jetzt freute ich mich über meinen wiedergefundenen Rucksack und stecke das Handy vorsichtshalber in die Hosentasche.

Setze das richtige Vorwort ein!
Gib an, ob ein Präpositionalobjekt oder eine Adverbialbestimmung vorliegt!

125

1. Ich verzichte   deine Anwesenheit.

2. Vorsicht   dem bissigen Hund!

3. Die Wespen fielen   uns her.

4. Wien liegt   der Donau.

5. Hier duftet es   Lebkuchen.

6. Sie sorgt   uns wie eine Mutter.

7. Dieses Gerät dient   Polieren der Fußböden.

8. Er kommt wieder   vier.

9. Ich entscheide mich   das zweite Thema.

10. Ich wohne   diesem Hochhaus.

Schlusstest zu den Objekten

Unterstreiche alle Objekte! Schreibe das Fragewort darüber und gib an, um welche Objekte (reine Fallergänzung, adverbiale Bestimmung, Präpositionalobjekt) es sich dabei handelt!

Ein Montagmorgen

Meine ältere Schwester Lisa steht vor ihrem Kasten, nimmt hektisch Kleidungsstücke heraus und wirft sie kopfschüttelnd auf ihr Bett.

Möchte sie in der Schule jemandem besonders gut gefallen?

Endlich hat sie etwas Passendes gefunden. Sie geht in Richtung Badezimmer und wird dort für längere Zeit bleiben.

Bald darauf wird mein Vater heftig an die Badezimmertür klopfen und sie ungeduldig mit seinen dringenden Terminen konfrontieren.

Mein kleiner Bruder Benjamin läuft immer noch im Pyjama herum. Er wird von meiner Mutter verfolgt. Sie will ihm beim Umziehen helfen. Er kann sich nicht entscheiden. Am Montag ist im Kindergarten „Spielzeugtag", und jedes Kind darf ein eigenes kleines Spielzeug mitbringen.

Soll er ein landwirtschaftliches Fahrzeug oder einige Ritter von seiner neuen Burg mitnehmen? Der Toaster qualmt, gleichzeitig schlägt der Eierkocher Alarm. Meine Mutter wirkt nervös. Was soll sie alles gleichzeitig machen? Gleich wird sie zu schimpfen beginnen und einige Verbote für den Nachmittag aussprechen.

Lisa wird anschließend mit Vater eine „Grundsatzdiskussion" über das Recht auf ihre morgendliche Toilette führen.

Ich suche gelassen meinen zweiten Turnschuh, nehme meinen Schulrucksack und freue mich auf eine ruhige erste Stunde in der Schule.

„Alles Gute für die Schularbeit!", höre ich meine Mutter rufen.

Ja, an manchen Tagen kann selbst das Schreiben einer Schularbeit angenehm sein.

Attribute

Ein **Attribut** (Beifügung) gibt **genauere Information** über das Wort, auf das es sich bezieht. Es ist ein Teil eines Satzgliedes (**Satzgliedteil**). Bei der Verschiebeprobe wird es **immer gemeinsam mit dem ganzen Satzglied verschoben**. Es ist also nur mit dem **Gliedkern** verschiebbar. Du fragst danach mit **Was für ein(e)?** oder **Welche?**.

Andreas ist ein <u>guter</u> Sportler. ⟶ **Was für ein** Sportler ist Andreas?
Ein <u>guter</u> Sportler ist Andreas.

Arian bekam einen Ring <u>aus purem Gold</u>. ⟶ **Was für einen** Ring bekam Arian?
Einen Ring <u>aus purem Gold</u> bekam Arian.

Ein **ausführliches Satzglied** besteht aus einem **Gliedkern** und einem **Attribut**.

Was für ein Sportler ist Andreas?

Andreas ist (**ein guter**) (**Sportler**).   (**Ein guter**) (**Sportler**) ist Andreas.

Was für einen Ring bekam Arian?

Arian bekam (**einen Ring**) (**aus purem Gold**).   (**Einen Ring**) (**aus purem Gold**) bekam Arian.

Alle Satzglieder mit Ausnahme des Prädikats **können eine Beifügung haben**.

Formen des Attributs	Beispiele
Adjektiv	die **guten** Sportler
Partizip	die **spannende** Lektüre, eine **gespannte** Feder
Pronomen	**sein** Zeugnis
Zahlwort	die **fünf** Freunde
Nomen im Genitiv	die Kappe **des Trainers**, **des Trainers** Kappe
Nomen im Präpositionalfall	Ärger **über die Lehrer**
Adverb	die Bank **dort**

Unterstreiche jeweils das Attribut und ordne die Wortgruppen richtig in die Zeilen ein!

Angst vor der Prüfung – die beiden Tage – getrocknete Früchte – der Platz vorne –
ihr Fehlen – ein tropfender Wasserhahn – die Füllfeder des Nachbarn – die neuen Schuhe

Adjektiv: _____

1. Partizip, 2. Partizip: _____

Pronomen: _____

Zahlwort: _____

Nomen im Genitiv: _____

Nomen im Präpositionalfall: _____

Adverb: _____

Unterstreiche die Attribute, die du mit „Was für ein(e)?" oder „Welche?" erfragst, und gib ihre Form an!
Markiere den Gliedkern! (Hast du Schwierigkeiten, das Attribut zu finden, so grenze zuerst die Satzglieder jedes Satzes ab!)

1. Die <u>neue</u> **Schultasche** <u>meiner Freundin</u> │ ist │ grün. **Adjektiv, Nomen im Genitiv**
2. Mirjana schenkte ihr einen großen Strauß roter Rosen.
3. Aziz trägt einen Anzug aus reiner Wildseide.
4. Georgia trinkt nur Wein aus Südafrika und schottischen Whisky.
5. Yasin liebt Schokolade aus Belgien.
6. Er kauft nur italienischen Kaffee, und sie mag nur Käse aus der Schweiz.
7. Jennifer singt ein französisches Lied.
8. Wir hörten plötzlich das Rauschen von Wasser.
9. Massud verlor die Brosche aus Email und zwei Silberringe.
10. Wir lesen gerade eine erheiternde Klassenlektüre.

Schlusstest zu den Attributen

Unterstreiche alle Attribute und bestimme ihre Form!
Markiere jeweils den Gliedkern der Satzglieder!

1. Erika möchte noch ein großes Stück von der Topfentorte.
2. Iris weiß nicht, was sie sich von dem reichhaltigen Buffet nehmen soll.
3. Thomas bestellt sich gebackenes Gemüse.
4. Robert nimmt seinen Teller und geht nochmals zum Salatbuffet.
5. Simon gibt sich drei Schöpfer von der Tomatensoße auf die Spaghetti.
6. Yu-Chu liebt Erdbeeren mit Schlagobers.
7. Franziska kostet von der Vorspeise der Sitznachbarin.
8. Sebastian stürzt sich auf die duftenden Fleischbällchen.
9. Hanna will drei Palatschinken mit Marillenmarmelade essen.
10. Alle, die am Tisch dort sitzen, gehen mit mir in die dritte Klasse.

Unterstreiche alle Attribute im Text!

Was man sich vornimmt, wird auch passieren!

Meine Schwester ist sehr abergläubisch. Am letzten Dreizehnten stand sie schon mit einem mulmigen Gefühl auf und zählte uns alle möglichen und unmöglichen Unglücksfälle auf, die an diesem Freitag eintreten könnten.

Sie schüttete dann vor lauter Hektik ihre Teetasse aus und warf dabei das brennende Teelicht um. Dabei fing das Tischtuch aus Leinen Feuer. Beim schnellen Löschversuch zündete Bettina auch noch ihre Serviette aus Papier an. Meine nicht abergläubische Mutter konnte den kleinen Zimmerbrand gerade noch mit dem Inhalt ihres Glases löschen.

Beim Holen eines Tuches stolperte Bettina über ihren Hausschuh und schlug sich das rechte Knie auf den rauen Küchenfliesen auf. Ich brachte ihr eine Packung mit Wundpflaster, doch beim Abschneiden des Pflasters stach sie sich mit der spitzen Nagelschere in die linke Hand und schrie laut auf. Ich brachte ihr das Fläschchen mit Wundbenzin, sie schüttete sich den gesamten Inhalt über ihr Nachthemd und auf ihr aufgeschlagenes Knie. Die Wunde brannte höllisch, sie wimmerte vor Schmerz. Ich wollte sie beruhigen, doch sie lief weinend ins Bad. Von dorther hörten wir ein lautes Klirren und einen entsetzlichen Aufschrei Bettinas. Wir liefen schnell ins Badezimmer.

Bettina stand vor einem zerbrochenen Spiegel und war bleich vor Schreck. „Sieben Jahre Pech!", murmelte sie.

Meine Mutter und ich blickten uns sorgenvoll an. Wir ahnten, was diese Voraussage bedeuteten würde.

Satzglieder – auf einen Blick

Satzglied	Wortart	Aufgabe im Satz/Fragewort
Subjekt (Satzgegenstand)	Nomen Pronomen	Nennt Person/Gegenstand der Aussage. **Wer oder was?** (Nominativ)
Prädikat (Satzaussage)	Verb (Hilfsverb, Modalverb, modifizierendes Verb)	Sagt aus, was geschieht. Stimmt mit Subjekt überein. Ihm sind Ergänzungen zugeordnet. **Was wird ausgesagt?**
Objekt (Reine Fallergänzung)	Nomen Pronomen	Nennt Personen und andere Lebewesen/ Dinge, die am Geschehen beteiligt sind. **Wer oder was?** (Nominativ) **Wessen?** (Genitiv) **Wem?** (Dativ) **Wen oder was?** (Akkusativ)
Adverbiale Bestimmung (Umstandsergänzung)	Nomen Adverb	Nennt die näheren Umstände des Geschehens. Lokal: **Wo?** Temporal: **Wann?** Kausal: **Warum?** Modal: **Wie?**
Präpositionalobjekt (Vorwortergänzung)	Präposition Nomen, Pronomen	Nennt Personen und andere Lebewesen, die am Geschehen beteiligt sind, bzw. Dinge, die vom Geschehen betroffen sind. (Fragewort + Präposition)
Satzgliedteil		
Attribut (Beifügung)	Nomen/Pronomen, Präposition + Nomen/ Pronomen ...	**Was für ein(e)?** **Welche(r/s)?**

Schlusstest zu den Satzgliedern

Bestimme die einzelnen Satzglieder! Grenze sie voneinander ab, indem du sie unterstreichst! Schreibe ihre Abkürzung darüber!

131

Der Rabe und der Fuchs

Ein Rabe hatte ein Stück Käse gestohlen und flog mit diesem Leckerbissen auf einen hohen

Baum. Das sah ein Fuchs und stellte sich unter den Baum.

Er sprach: „Mein Lebtag habe ich keinen schöneren Vogel gesehen. Wenn du auch eine schöne

Stimme hättest, dann sollte man dich zum König der Vögel krönen."

Der Rabe fühlte sich geschmeichelt und fing sofort an zu singen.

Sogleich purzelte das Stück Käse aus seinem Schnabel und fiel direkt in das Maul des Fuchses.

Der Fuchs fraß es und lachte über den törichten Raben.

Hüte dich deshalb vor Schmeichlern!   (Frei erzählt nach einer Fabel von Martin Luther)

Kompetenz-Check

Das kann ich jetzt!

Kreuze an, was zutrifft! Falls du dich bei dem einen oder anderen Punkt noch nicht sicher fühlst, blättere nochmals zurück und wiederhole diesen Abschnitt!

Ich kann ...	Falls ich noch unsicher bin, kann ich hier nachschlagen:
☐ ... die Verschiebeprobe durchführen und dadurch die einzelnen Satzglieder erkennen.	S. 77, 78
☐ ... das Prädikat erfragen und auch mehrteilige Prädikate erkennen.	S. 77, 78
☐ ... das Subjekt erfragen und weiß, in welchem grammatikalischen Fall es immer steht.	S. 78
☐ ... die drei Ergänzungen (reine Fall-, Umstands- und Vorwortergänzung) nennen und unterscheiden.	S. 79, 85
☐ ... die vier reinen Fallergänzungen erfragen und benennen.	S. 79, 80
☐ ... das Gleichsetzungsglied im 1. und 4. Fall erfragen und erkennen.	S. 80, 81
☐ ... die unterschiedlichen Umstands- und Vorwortergänzungen erkennen und unterscheiden.	S. 81, 82, 84
☐ ... Attribute als Satzgliedteile erfragen und Formen des Attributs nennen und erkennen.	S. 86, 87, 88
☐ ... alle Satzglieder nennen und erfragen und weiß, mit welchen Wortarten sie gebildet werden.	S. 89, 90

Der Satz

1. **Der Aussagesatz:** Ich (esse) gerne Pizza.

   Personalform an 2. Stelle

2. **Der Fragesatz: Entscheidungsfrage:** Antwort: ja/nein

   (Isst) du gerne Pizza?

   Personalform an 1. Stelle

   Ergänzungsfrage: Antwort: vielfältig

   (Warum) (isst) du gerne Pizza?

   Fragewort Personalform an 2. Stelle

3. **Der Aufforderungssatz:** (Iss) Pizza! (Essen) Sie Pizza!

   Personalform an 1. Stelle

4. **Der Ausrufsatz:** Das (schmeckt) gut! Ich (koste) auch davon!

   Personalform an 2. Stelle

Ü

132

Unterstreiche in den folgenden Sätzen die Prädikate und gib an, um welche Satzart es sich handelt!

1. Gehst du mit ins Kino? _____
2. Warum kommst du jeden Tag zu spät zum Unterricht? _____
3. Ich habe mir ein neues Snowboard gekauft. _____
4. Lassen Sie die Finger von meiner Torte! _____
5. Wann fahrt ihr auf Schikurs? _____
6. Das will ich nicht! _____
7. Fährst du gut Schi? _____
8. Sie will unbedingt mit uns in einer Mannschaft sein. _____
9. Komm schnell, der Lehrer ist schon da! _____
10. Wie viel kostet dieses Handy? _____

Hauptsatz – Gliedsatz

Der **Hauptsatz** (HS) kann **allein stehen**.
Im HS steht das **Prädikat** (Personalform) an **2. Stelle** (= Aussagesatz).
Er besteht mindestens aus Subjekt und Prädikat.

HS: S   P

Sie kocht.

HS: S   P   O4

Ich esse die Spagetti.

Der **Gliedsatz** (GS) kann **nicht allein stehen**.
Er wird mit einem **Einleitewort** an den **übergeordneten HS gebunden**.
Die **Personalform** steht im GS **an letzter Stelle**.
Der GS beginnt mit einem Einleitewort und endet mit der Personalform des Prädikats
(= **Gliedsatzklammer**).

Sie kocht Spaghetti, **weil** ich sie gerne esse.
     HS | GS |
                 Gliedsatzklammer

Sie hat Spaghetti gekocht, **weil** ich sie gerne esse.
       HS | GS |
                 Gliedsatzklammer

Unterstreiche das Einleitewort des Gliedsatzes und die Personalform des Prädikats im GS! Setze die Gliedsatzklammer!

133

1. Ich glaube, dass ich auf den Geografietest eine gute Note bekomme.
2. Kannst du feststellen, ob sie ein Handy besitzt?
3. Ich weiß nicht, ob das Geld dafür reicht.
4. Nachdem wir lange gewartet hatten, kamen wir endlich an die Reihe.
5. Da er Bauchweh hat, isst er kein Eis.
6. Kröten leben dort, wo es feucht und kühl ist.
7. Während wir im Bus saßen, schauten wir uns ein Video an.

Attributsatz

Untergeordnete Sätze, die **für ein Attribut** (Beifügung) stehen, nennt man **Attributsätze** (Beifügesatz). Ein Attributsatz (AS) wird mit einem **Relativpronomen** (bezügliches Fürwort – der, die, das, welcher, welche, welches) **eingeleitet**.

Gliedsätze (GS) und Attributsätze (AS) sind dem Hauptsatz (HS) untergeordnet (= untergeordnete Nebensätze).

Sie ist eine Lehrerin, **die** sich um jeden Schüler kümmert. **Was für eine? Welche?**
     HS | **AS** Attributsatz |
              Gliedsatzklammer

Manchmal steht eine **Präposition** (Vorwort) vor dem Relativpronomen.

Die Lehrerin, <u>mit der ich gesprochen habe,</u> ist mein Klassenvorstand. **Was für eine? Welche?**
    | **AS** Attributsatz |
   HS   Hauptsatzklammer   **HS** (weitergeführt)

Unterstreiche den Hauptsatz! Markiere das Relativpronomen und die Personalform des Prädikats im Attributsatz! Schreibe das Fragewort nach dem AS auf!

134

1. <u>Das Buch,</u> **welches** ich mir gewünscht **habe**, <u>ist ein Bestseller</u>. **Was für eines? Welches?**
2. Sie kocht Spaghetti, die ich gerne esse.
3. Ich fragte den Mann, welcher mir gerade entgegenkam.
4. Er besitzt ein Fahrrad, das über 300 Euro gekostet hat.
5. Gabi hat sich Sportschuhe, die sie nur zum Laufen anzieht, gekauft.
6. Die Schülerin, über die wir uns unterhalten haben, wechselt in unsere Klasse.

Der zusammengesetzte Satz

Die Hauptsatzreihe

Hauptsatzreihe nennt man zwei oder mehrere **aneinandergereihte Hauptsätze (HS + HS + …)**. Die Hauptsätze können auch mit einer **nebenordnenden Konjunktion** (Bindewort) **oder einem Beistrich verbunden** werden.

HS	HS	HS	HS
Sie kocht (,) **und** ich esse die Spaghetti.		Sie hat gekocht, ich habe die Spaghetti gegessen.	

Die **nebenordnenden Konjunktionen** (Bindewörter) deuten an, in welcher <u>Beziehung</u> die Satzinhalte der Hauptsätze zueinander stehen.

Hauptsatzreihe – auf einen Blick

Hauptsatzreihe	Verbindung/Konjunktion	Beispiele
ohne Konjunktion	Beistrich	Ich bereite den Salat zu(,) sie kocht die Spaghetti.
anreihend	**und**	Ich bereite den Salat zu **und** sie kocht …
ausschließend	**oder** **entweder – oder**	Ich koche (,) **oder** ich wasche ab. **Entweder** koche ich (,) **oder** ich wasche ab.
entgegenstellend	**aber** **doch**	Ich koche gern, **aber** ich wasche nicht gern ab. Sie kocht, **doch** sie wäscht nicht gern ab.
begründend	**denn**	Sie kocht Spaghetti, **denn** ich esse sie gerne.

Unterstreiche die nebenordnenden Konjunktionen und gib an, welche Beziehung zwischen den Hauptsätzen besteht!

1. Ich sitze gemütlich im Wohnzimmer (,) und er hört Musik.

2. Meine Freundin Veronika kommt heute am Nachmittag zu mir, denn wir bereiten gemeinsam unser Deutschreferat vor.

3. Entweder du saugst das Wohnzimmer (,) oder du hängst die Wäsche auf!

4. Sie kommen, aber sie werden sich ungefähr eine Stunde verspäten.

5. Ich besuche dich gerne, doch ich kann erst nächste Woche kommen.

6. Fährst du mit dem Auto (,) oder gehst du zu Fuß?

7. Anna ging zum Frisör und sie ließ sich die Haare kurz schneiden.

8. Er schrieb eine ausgezeichnete Schularbeit, denn er hatte viel geübt.

9. Schreibe die Vokabeln nochmals ab (,) oder bilde Sätze mit diesen Wörtern!

10. Otto kann Musik hören (,) und er kann gleichzeitig seine Hausübung machen.

Das Satzgefüge

Satzgefüge nennt man die Verbindung von HS und einem oder mehreren Gliedsätzen oder Attributsätzen (**HS + GS + GS + … HS + AS + AS + …**).
Die Sätze werden mit einer **unterordnenden Konjunktion und einem Beistrich verbunden**.

Häufige Konjunktionen zwischen HS + GS sind:
weil, dass, damit, obwohl, als, bevor, wenn, während, nachdem

Satzgefüge

Meine Mutter kocht Spaghetti, **weil** ich dieses Gericht gerne esse.
      HS   **GS**

Gib an, ob es sich um eine Hauptsatzreihe oder ein Satzgefüge handelt!
Unterstreiche jeweils die Personalform des Prädikats! Markiere die Bindewörter!

1. In der letzten Märzwoche fahren alle dritten Klassen auf Schikurs nach Wagrain, aber zwei Schüler aus unserer Klasse bleiben hier.
2. Berni und Christoph, die sich beide beim Handballtraining den rechten Arm gebrochen haben, können nicht mitfahren.
3. Wir freuen uns alle schon darauf, weil wir in einem Jugendhotel wohnen werden.
4. Dass auch Snowboardkurse angeboten werden, finde ich sehr gut.
5. Ich werde nur mein Snowboard mitnehmen, obwohl ich gerne Schi fahren würde.
6. Bevor wir abfahren, muss jeder seine Schi überprüfen lassen.
7. Damit es keine Streitereien um die Zimmer gibt, machen wir schon jetzt eine Zimmereinteilung.
8. Am Abend wird es sicherlich immer ein lustiges Programm geben, das wir selbst gestalten dürfen.

Vom Satzglied zum Gliedsatz

Jedes **Satzglied** kann in Form eines **Gliedsatzes** ausgedrückt werden.

Satzglied	Gliedsatz
Subjekt (Wer oder was?) Der Zuspätkommende löscht die Tafel.	**Subjektsatz** **HS** Wer zu spät kommt, löscht die Tafel.
Objekt im 4. Fall (Wen oder was?) Er verspricht keine weitere Verspätung des Zuges.	**Objektsatz** **HS** **Dass** der Zug sich nicht weiter verspätet, verspricht er.
Begründungsergänzung (Warum?) Er löscht daher die Tafel.	**Kausalsatz** **HS** **Da** er sich verspätet hat, löscht er die Tafel.
Zeitergänzung (Wann?) Abends erschien er im Frack.	**Temporalsatz** **HS** **Als** es Abend war, erschien er im Frack.
Ortsergänzung (Wo?) Dort fand ich die verlorenen Handschuhe.	**Lokalsatz** **HS** **Wo** ich ausgestiegen war, fand ich die Handschuhe.
Artergänzung (Wie?) Er grüßte mich so.	**HS** **Modalsatz** Er grüßte mich, **indem** er mir zuwinkte.

Auch ein Satzgliedteil kann zum untergeordneten Satz werden.

Attribut (Was für ein?)	HS	Attributsatz	HS (weitergeführt)
Das <u>zu spät kommende</u> Kind löscht die Tafel.	Das Kind, <u>das zu spät kommt</u>, löscht die Tafel.		

Forme die unterstrichenen Satzglieder in Gliedsätze um und benenne diese!

O4 (Was?)
1. Der Lehrer bemerkte <u>meine Nervosität</u>.

    Gliedsatz: Der Lehrer bemerkte,

S (Wer?)
2. <u>Schwätzer</u> müssen in der Pause die Biotonne ausleeren.

    Gliedsatz: Wer

BE (Warum?)
3. <u>Wegen der schlechten Semesternote</u> lernt er jeden Tag Vokabeln.

    Gliedsatz: Er lernt jeden Tag Vokabeln,

Attribut (Was für ...?)
4. <u>Kleine</u> Kinder dürfen im Auto nicht vorne sitzen.

    Gliedsatz: Kinder,

Arten von Gliedsätzen

Gliedsätze in der Rolle eines Subjekts nennt man **Subjektsätze**.
Häufige Einleitewörter sind: **dass, wer, ob**

Wer lernt ...? GS = **Subjektsatz**   S (Wer oder was?)
<u>Wer klug ist</u>, lernt auch dieses Kapitel. ◀— **Der Kluge** lernt auch dieses Kapitel.

Was macht dich beliebt? **Subjektsatz**   S (Wer oder was?)
<u>Dass du hilfsbereit bist</u>, macht dich beliebt. ◀— **Deine Hilfsbereitschaft** macht dich beliebt.

Du kannst den **Gliedsatz durch ein Wort oder eine Wortgruppe ersetzen** und danach fragen.
So kannst du leichter erkennen, um welchen GS es sich handelt!

Gliedsätze in der Rolle eines Objekts nennt man **Objektsätze** (Ergänzungssätze).
Häufige Einleitewörter sind: **dass, ob**

Was hoffe ich? GS = **Objektsatz**   O4 (Was?)
Ich hoffe, **dass** <u>es dafür nicht zu spät ist</u>. ◀— Ich hoffe **das**.

Viele Objektsätze folgen auf Verben des Sagens und Meinens (sagen, meinen, erklären, hoffen, behaupten, denken, glauben, wissen ...).
Das zu wissen, ist auch eine Hilfe, um die Konjunktion **dass** zu erkennen.

Gliedsätze in der Rolle einer adverbialen Bestimmung (Umstandsergänzung der Zeit, des Ortes, der Art und Weise, des Grundes) nennt man **Adverbialsätze**.
Häufige Einleitewörter sind: **als, während, nachdem, bevor, wo, indem, weil**

- **Temporalsatz** (Zeitsatz): Wann? Seit wann? Bis wann? Wie lange?

    Wann? Temporalsatz
    Ich stand unter dem Dach, **während** <u>es regnete</u>.
    Ich stand **währenddessen** unter dem Dach. **ZE (Wann?)**

- **Lokalsatz** (Ortssatz): Wo? Woher? Wohin? Von wo?

  Wo? Lokalsatz

  Ich fand den verlorenen Handschuh dort, **wo** <u>ich ausgestiegen war</u>.

  Ich fand den verlorenen Handschuh **an diesem Ort**. OE (Wo?)

- **Modalsatz** (Artsatz): Wie?

  Wie? Modalsatz

  Ich warnte sie, **indem** <u>ich schrie</u>.

  Ich warnte sie **so**. AE (Wie?)

- **Kausalsatz** (Begründungssatz): Warum? Weshalb? Wozu?

  Warum? Kausalsatz

  Ich verspätete mich, **weil** <u>ich die Straßenbahn versäumt hatte</u>.

  Ich verspätete mich **wegen der versäumten Straßenbahn**. BE (Warum?)

Untergeordnete Sätze, die **für ein Attribut** (Beifügung) stehen, nennt man **Attributsätze**. Attributsätze werden mit einem **Relativpronomen** (bezügliches Fürwort) **eingeleitet.**

Ich fragte den Buben, **der** mir entgegenkam. **Was für einen Buben? Attributsatz**

Ich fragte den **mir entgegenkommenden** Buben. **Attribut (Was für einen?)**

Unterstreiche die Gliedsätze und gib an, um welchen Gliedsatz es sich jeweils handelt!

1. Als wir endlich eine Telefonverbindung herstellen konnten, war der Akku leer.
2. Ich kaufe im Winter keine Erdbeeren, weil sie nicht nach Erdbeeren schmecken.
3. Bevor du dein Referat hältst, trainiere zu Hause vor einem Spiegel!
4. Er behauptete, dass er noch nie gelogen hätte.
5. Das Chamäleon schützt sich, indem es die Farbe wechselt.
6. Wer zuerst kommt, bekommt das größte Stück vom Kuchen.

Gliedsätze – auf einen Blick

Gliedsatz	häufige Einleitewörter	Beispiele
Subjektsatz Wer oder was?	**wer, dass, ob**	**Wer** klug ist, lernt auch dieses Kapitel.
Objektsatz Wessen? Wem? Wen oder was?	**dass, ob**	Ich hoffe, **dass** es dafür nicht zu spät ist.
Adverbialsätze: **Temporalsatz** Wann? **Lokalsatz** Wo? **Modalsatz** Wie? **Kausalsatz** Warum?	**als, während, nachdem** **wo, da** **indem** **weil, da**	Ich war zu Hause, **als** er kam. Er lag dort, **wo** ich es vermutete. Er machte sich bemerkbar, **indem** er laut rief. Er lief sehr schnell, **weil** er sonst die Bahn versäumt hätte.
Attributsatz Was für ein(e)? Welche(r/s)?	**der, die, das** (Relativpronomen)	Dort lehnt ein Fahrrad, **das** sehr verrostet ist.

Die Apposition

Die **Apposition** ist eine **nachgestellte genauere Erklärung** und steht im selben Fall wie das Bezugswort (= Nomen, Pronomen, Wortgruppe).
Sie ist eine **Form der Beifügung** und ist **durch Beistriche begrenzt**.

S   **Apposition** im Nominativ

Guido, <u>ein hervorragender Schwimmer</u>, gewann heuer die Schülermeisterschaften.

O3   **Apposition** im Dativ

Sie gab **dem Finder ihrer Geldbörse**, <u>einem etwa zehnjährigen Jungen</u>, einen Finderlohn.

Unterstreiche die Apposition und markiere das Satzglied, auf welches sie sich bezieht! Schreibe auch den Fall dazu!

1. Mein Vater, ein begeisterter Bergsteiger, trainiert für den Aufstieg auf den Kilimandscharo.
2. Ihrem vierbeinigen Freund, einem jungen Dalmatiner, schenkte sie ihre ganze Aufmerksamkeit.
3. Ihre Mutter, eine gute Bekannte meiner Eltern, wird drei Wochen bei mir wohnen.
4. Für sie, meine alte Nachbarin, kam jede Hilfe zu spät.
5. Rhodos, die grüne Insel Griechenlands, ist dieses Jahr unser Urlaubsziel.
6. Mein kleiner Bruder schaut gerne „Wicki und die starken Männer", eine Zeichentrickserie von 1970, im Fernsehen an.
7. Du kennst Marcel Hirscher, den besten Schifahrer der Welt, nicht?
8. Mit der 3c, unserer Nachbarklasse, planen wir ein Projekt am Schulschluss.

Infinitiv- und Partizipialgruppen

Anstelle von Satzgliedern und Gliedsätzen kann eine **Infinitiv- und Partizipialgruppe** stehen. Wie es in diesen Fällen mit der **Beistrichsetzung** aussieht, findest du im Folgenden.

Ein **Beistrich trennt Infinitivgruppen** (Nennformgruppen) in folgenden Fällen:

- **Infinitivgruppe mit „um – zu"**: Wir trafen uns, **um** Vokabeln **zu** lernen.
- **Von einem Nomen abhängige Infinitvgruppe**: Wir haben die **Absicht**, Vokabeln zu lernen.
- **Durch Verweiswort angekündigte Infinitvgruppe**: **Es** ist unsere Absicht, Vokabeln zu lernen.

Der **Beistrich wird weggelassen**, wenn ein **bloßer Infinitiv** vorliegt.
Wir versuchten **zu lernen**.

Der **Beistrich kann weggelassen werden**, wenn ein **erweiterter Infinitiv** vorliegt.
Wir versuchten (,) **die Beistrichregeln zu lernen**.

Partizipialgruppen (Mittelwortgruppen) **können mit Beistrich getrennt werden, wenn der Satz deutlich gegliedert werden soll**:
Satzwertige Paritizipialgruppe (1. Partizip): Gemeinsam lernend (,) verbrachten wir den Abend.
Satzwertige Paritizipialgruppe (2. Partizip): Zu Hause angekommen (,) lernte ich für den Test.

Die satzwertigen (= erweiterten) Gruppen übernehmen die Funktion von Gliedsätzen.

Satzwertige Infinitivgruppe: Ich muss laufen (,) **um die Bahn noch zu erreichen**.

Gliedsatz: Ich muss laufen, **damit ich die Bahn noch erreiche**.

Satzwertige Partizipialgruppe: **Schnell laufend** (,) erreichte ich noch die Bahn.

Gliedsatz: Ich erreichte noch die Bahn, **weil ich schnell lief**.

Bilde anstelle des Gliedsatzes eine satzwertige Infinitivgruppe!
Gehe nach obigem Beispiel vor und schreibe den neuen Satz jeweils auf die freie Zeile!

1. Meine Mutter kommt in die Sprechstunde, damit sie sich Rat von meiner Lehrerin holt.
   Meine Mutter kommt in die Sprechstunde, um sich _____.

2. Er betreibt viel Sport, dass er gesund bleibt.
   _____

3. Birgit will ihr Essen gleich bezahlen, damit sie jederzeit aufbrechen kann.
   _____

4. Felix spart sein Taschengeld, weil er sich ein neues Handy kaufen will.
   _____

Bilde anstelle des Gliedsatzes eine satzwertige Partizipialgruppe!
Gehe nach obigem Beispiel vor! Manchmal kannst du 1. und 2. Partizip anwenden!

1. Da er heftig ruderte, kam er rasch ans Ufer.
   _____

2. Nachdem wir im Hotel angekommen waren, bezogen wir sofort unser Zimmer.
   _____

3. Als sie uns erblickte, blieb sie mitten auf der Straße stehen.
   _____

4. Sie lackierte sich die Nägel, während sie mit mir telefonierte.
   _____

Kompetenz-Check

Das kann ich jetzt!

Kreuze an, was zutrifft! Falls du dich bei dem einen oder anderen Punkt noch nicht sicher fühlst, blättere nochmals zurück und wiederhole diesen Abschnitt!

Ich kann ...	Falls ich noch unsicher bin, kann ich hier nachschlagen:
☐ ... Satzarten und satzwertige Gruppen nennen und unterscheiden.	S. 91, 99
☐ ... Merkmale von Hauptsatz (HS), Gliedsatz (GS) und Attributsatz (AS) nennen.	S. 91, 92
☐ ... HS-Reihen erkennen und anhand der Konjunktionen die Beziehung der HS zueinander sehen.	S. 93
☐ ... Satzgefüge erkennen und von Hauptsatzreihen unterscheiden.	S. 94
☐ ... Satzglieder in Gliedsätze umformen und benennen sowie die Arten von Gliedsätzen nennen und erfragen.	S. 94, 95, 96
☐ ... Appositionen, Infinitivgruppen und Partizipialgruppen erkennen und bilden.	S. 97, 98

Schlusstest zur Satzbestimmung

**Bestimme die Sätze und satzwertigen Gruppen!
Markiere die Einleitewörter!**

Due Gelati

Meine Freundin Marion, die wöchentlich für jemand anderen schwärmt, kam ganz aufgeregt zu mir. Sie hatte sich wieder einmal einen neuen Schwarm auserkoren, aber diesmal war es kein Filmschauspieler oder Sänger. Sie hatte sich in einen „wirklichen Burschen", einen Italiener, verliebt.

Er arbeitete im italienischen Eissalon, der gleich um die Ecke unserer Schule liegt.

Marion erzählte mir sehr ausführlich von „ihrem Italiener", mit dem sie noch kein einziges Wort gewechselt hatte. Sie schwärmte von seiner Schönheit und seinem italienischen Charme.

Da ich selbst auch neugierig war, ging ich mit meiner verliebten Freundin in den Eissalon.

Meinen Bananensplit hatte ich schon fast aufgegessen, während Marions „Heiße Liebe", Vanilleeis mit Himbeeren, noch unberührt war.

Sie schaute ständig zur Eistheke und beobachtete den Kücheneingang.

„Das ist er!", flüsterte Marion.

Ich konnte es nicht glauben, dass Marions Beschreibung auf diesen Jungen passen sollte.

Wo war die Schönheit, und wo war der italienische Charme, von denen sie so begeistert war?

Verzückt sah sie zu ihm hinüber und beobachtete mit weit aufgerissenen Augen, wie er umständlich die Eiskugeln formte und wie er sie ungeschickt in ein Glas stopfte.

„Wie gekonnt und elegant er das macht!", meinte Marion. Ich hüllte mich in Schweigen und dachte an die Worte meiner Großmutter: „Liebe macht blind (,) und Geschmäcker sind verschieden."

Marion versprach mir, uns noch ein kleines Eis zum Mitnehmen zu kaufen, weil jetzt „ihr Italiener" an der Theke stand. Sie ging zur Eisvitrine und bestellte bei ihm: „Due gelati, per favore!" Verdutzt sah er sie an (,) und nun verriet er seine wahre Identität, indem er im breitesten Wiener Dialekt die wenig höfliche Nachfrage stellte: „Wos wüst?"

Durch diese Worte ernüchtert (,) schleckten wir wortlos unser kleines Eis.

In den nächsten Wochen aßen wir gar kein Eis, denn meine Freundin meinte, dass das Eis beim „Italiener" eigentlich gar nicht so gut wäre.

Marion fand bald Trost bei einem deutschen Superstar, den sie nur aus der Ferne, nämlich vom Fernseher aus, umschwärmte, aber dafür war sie vor enttäuschenden Überraschungen sicher.

Beistrichregeln

1. Regel: Der Beistrich bei der Aufzählung
Bei Aufzählungen (einzelne Wörter und Wortgruppen) wird **ein Beistrich gesetzt**.
Sind sie mit **und, oder, sowie** verbunden, wird **kein Beistrich** gesetzt.

Bei **entgegenstellenden Bindewörtern** (Konjunktionen) wie **aber, doch, jedoch, sondern** <u>musst</u> du einen Beistrich setzen.

<u>Keine</u> Beistriche werden gesetzt, wenn Wörter oder Wortgruppen mit
entweder – oder, weder – noch, sowohl – als auch verbunden werden.

Beispiele:
Er kauft Roggenmehl, Haferkleie, geschälte Sonnenblumenkerne, fein geschroteten Leinsamen **und** etwas Sauerteig zum Brotbacken.
Er bäckt einen großen Brotlaib **oder** kleine Weckerl.
Sie half ihm nicht beim Einkaufen, **sondern** beim Backen.
Ich helfe nicht beim Einkaufen **und** nicht beim Backen, **aber** dafür beim Essen.

Setze die Beistriche vor gleichrangigen Wörtern und Wortgruppen!

1. Daniela besorgt für ihre kranke Mutter Lutschtabletten Hustensaft und Kräutertee.
2. Mein Hamster frisst entweder Hirsekörner oder Kürbiskerne.
3. Erika Hubert und Klara kennen weder dich noch deinen Bruder.
4. Ich heiße nicht Sabine sondern Sabrina.
5. Julia verbringt die Osterferien entweder bei ihrer Mutter auf dem Land oder bei ihrem Vater in der Stadt.
6. Großmutter brachte uns einen Korb mit Obst sowie eine Kiste voll mit Gemüse.
7. Sebastian bekam zum Geburtstag ein Fahrrad einen Helm Arm- und Knieschützer.
8. Wieso kommst du nicht am Donnerstag sondern erst am Freitag?
9. In dem Koffer am Dachboden befinden sich alte Schulbücher gesammelte Zeitungsausschnitte ausgeschriebene Hefte ein verschnürtes Paket gesammelter Briefe und alte Autoprospekte.

2. Regel: Der Beistrich bei Anrede, nach Ausrufen, Bejahung und Verneinung
Vor und nach Anreden wird **ein Beistrich** gesetzt. Ebenso steht **nach Ausrufewörtern** und nach Wörtern der **Bejahung und Verneinung** ein Beistrich.

Anreden: Beate, komm her! Du, hör genau zu!
Ausrufe: Hallo, wer spricht? Ach, das ist aber schade!

Setze die Beistriche bei Anreden und Ausrufen!

1. Nein ich kann jetzt nicht kommen!
2. Gott sei Dank wir haben es geschafft!
3. Bitte steigen Sie rasch ein!
4. Lieber Julian borge mir bitte dein Handy!
5. Oje das habe ich ganz vergessen!
6. Ja ja das kommt davon!
7. Pfui Strolchi lass den Knochen liegen!
8. Juhu wir haben gewonnen!

3. Regel: Der Beistrich zwischen zwei Hauptsätzen
Zwischen zwei Hauptsätzen (HS) steht **ein Beistrich**.
Sie können unverbunden (das heißt ohne Bindewort) nebeneinanderstehen oder auch durch ein Bindewort (eine Konjunktion) miteinander verbunden sein. Man spricht dann von einer sogenannten **Hauptsatzreihe**.
Häufige **Konjunktionen**, die Hauptsätze einleiten, sind:
und, oder, sowie, aber, denn, daher, deshalb

Einen **Hauptsatz** (HS) erkennst du **an folgenden Merkmalen**:
• Die **Personalform** (= abgewandelte Form des Verbs) steht **an zweiter Stelle**.
• Er **kann alleine stehen**.

Die Spezialfälle **und** bzw. **oder**:
Werden **zwei Hauptsätze** mit **und** bzw. **oder** verbunden, so **kannst du einen Beistrich setzen**, du musst aber nicht.

Achtung!
Es gibt auch Hauptsätze mit nur **einem Subjekt** (S), aber **zwei Prädikaten**.
Vor „und" bzw. „oder" darf dann **kein Beistrich** gesetzt werden.

Beispiele:

  S   P   S   P
Max kauft die Zutaten (,) **und** Sabine bäckt Brot.

  S   P   P
Max kauft die Zutaten **und** bäckt Brot.

Ü
145

Setze die Beistriche zwischen den Hauptsätzen richtig!

1. Julian fährt mit dem Rad und unser Hund läuft ihm nach.
2. Ich komme heute nicht zu dir aber morgen werde ich dich besuchen.
3. Herbert sitzt in der Badewanne und liest die Zeitung.
4. Er braucht Geld doch ich kann ihm keines leihen.
5. Wir gehen ins Kino oder holen uns einen Film aus der Videothek.
6. Mein Vater repariert sein Motorrad und ich helfe ihm dabei.
7. Robert hat sich den Fuß gebrochen und fährt deshalb nicht auf Sportwoche mit.
8. Paul hat ein Bild gemalt und schenkt es seiner Tante zum Geburtstag.

4. Regel: Der Beistrich zwischen Hauptsatz und untergeordnetem Satz
Zwischen Hauptsatz und untergeordneten Satz (Gliedsatz, Attributsatz) steht immer ein **Beistrich**.
Sie bilden ein sogenanntes **Satzgefüge**. Der untergeordnete Satz kann vor oder nach dem Hauptsatz stehen, aber auch in diesen eingeschoben sein.
Der Gliedsatz (GS) wird mit einer **Konjunktion**, der Attributsatz (AS) mit einem **Relativpronomen eingeleitet**.

Einen **untergeordneten Satz** erkennst du **an folgenden Merkmalen**:
• Die **Personalform** steht **an letzter Stelle**.
• Er kann **nicht alleine stehen**. Er muss mit einem Hauptsatz verbunden sein.
• Er hat **meistens ein Einleitewort** (Konjunktion, Relativpronomen).

Häufige Einleitewörter von Gliedsätzen sind:
weil, da, dass, damit, obwohl, als, bevor, wenn, während, nachdem

Relativpronomen, die Attributsätze einleiten, sind:
der, die, das, welcher, welche, welches

Wenn du diese Einleitewörter siehst, weißt du, dass ein Beistrich gesetzt wird.

Setze die Beistriche!
Unterstreiche das Einleitewort bzw. Relativpronomen, das den GS bzw. AS einleitet!

1. Wir konnten am See nicht mehr eislaufen, weil es getaut hatte. ✓
2. Bevor du schimpfst, höre dir meine Erklärung an! ✓
3. Während die Eltern noch schliefen, bereiteten die Kinder das Frühstück. ✓
4. Da es gestern sehr spät geworden ist, habe ich nicht mehr bei euch angerufen. ✓
5. Die Aktentasche, welche gestern hier abgegeben worden ist, gehört mir. ✓
6. Ich glaube nicht, dass sie mir das so schnell verzeiht. ✓
7. Obwohl ich keine Erlaubnis hatte, trat ich ein. ✓
8. Gerd ging zu Fuß nach Hause, nachdem er den Bus versäumt hatte. ✓

5. Regel: Der Beistrich bei Appositionen und erklärenden Einschüben
Sind in einem Satz **Appositionen** und **erklärende Einschübe** vorhanden, so werden sie **durch Beistriche abgegrenzt**.
Wörter, die Einschübe einleiten, sind: **zum Beispiel, besonders, also, vor allem …**

Apposition:
Meine Mutter, **eine gute Köchin,** gewann bei einem Kochwettbewerb.

Erklärender Einschub:
Viele Vögel, **zum Beispiel Eulen,** sind Nachttiere.
Ich sammle Briefmarken, **vor allem österreichische**.

Setze die Beistriche bei den Appositionen und erklärenden Einschüben!

1. Lisa unsere Klassensprecherin meldete sich bei der Schülerversammlung zu Wort.
2. Ich esse gerne Süßigkeiten besonders Geleezuckerl.
3. Tobias auch Tobi genannt ist unser Klassenbester.
4. Unsere Nachbarn eine fünfköpfige Familie leben in dieser kleinen Wohnung.
5. In diesem Aufsatz finden sich viele Fehler vor allem Ausdrucksfehler.

6. Regel: Der Beistrich bei erweiterten Nennform- und Mittelwortgruppen
Erweiterte Nennformgruppen (Infinitivgruppen mit um – zu) <u>werden</u> und **erweiterte Mittelwortgruppen** (Partizipialgruppen) <u>können</u> durch Beistriche vom übrigen Satz abgetrennt werden.

Setze die Beistriche vor den satzwertigen Infinitiv- und Partizipialgruppen!

1. Er holte tief Luft um so lange wie möglich unter Wasser bleiben zu können.
2. Heftig winkend machte sie auf sich aufmerksam.
3. Mit Reis werfend beglückwünschten wir das Brautpaar.

4. Sich verbeugend bedankte sich der Pianist bei seinem jubelnden Publikum.
5. Steif gefroren lagen die Fäustlinge auf dem vereisten Autodach.
6. Um dieses Schuljahr in Deutsch positiv abzuschließen musste ich noch einiges üben.

Beistrichregeln – auf einen Blick

	Regel	Beispiele
1	**Bei Aufzählungen** (einzelne Wörter und Wortgruppen)	Er kauft glattes Mehl, sechs Eier, ein Kilo Zucker, ein Viertel Butter.
	mit **und, oder** ... verbunden ⟶ kein Beistrich	Er kauft Butter **und** Käse. Er möchte ein Kilo Brot **oder** sechs Semmeln.
	Bei allen anderen Konjunktionen ⟶ Beistrichsetzung	Er möchte ein Brot, **aber** ein dunkles.
2	Anrede Ausrufe	**Herr Müller**, kommen Sie zu mir! **He**, stell dich hinten an!
3	HS, HS	Max kauft die Zutaten, Sabine bäckt Brot.
	HS **(,) und** HS	Er kauft die Zutaten **(,) und** sie bäckt Brot.
	HS **(,) oder** HS	Sie hilft dir beim Backen **(,) oder** sie geht einkaufen.
	HS, **alle andere Konjunktionen** HS	Ich koche gerne, **aber** ich backe ungern.
4	HS, **Einleitewort** GS	Ich freue mich, **weil** morgen Sonntag ist.
	<u>HS</u>, **Relativpronomen** AS, (<u>HS</u>)	Das Mädchen, **das** uns grüßt, ist meine Schwester.
5	Apposition erklärender Einschub	Matthias, **unser Schulsprecher**, meldete sich zu Wort. Rita isst gerne Süßes, **besonders weiße Schokolade**.
6	erweiterte Infinitivgruppe erweiterte Partizipialgruppe	Er kam, **um die Gäste zu begrüßen**. **Laut lachend (,)** verließen sie das Lokal. **Pünktlich angekommen (,)** standen wir am Bahnhof.

Kompetenz-Check

Das kann ich jetzt!

Kreuze an, was zutrifft! Falls du dich bei dem einen oder anderen Punkt noch nicht sicher fühlst, blättere nochmals zurück und wiederhole diesen Abschnitt!

	Ich kann ...	Falls ich noch unsicher bin, kann ich hier nachschlagen:
☐	... die 1. Beistrichregel (Beistrich bei Aufzählungen) richtig anwenden.	S. 100, 104
☐	... die 2. Beistrichregel (Beistrich bei Anrede, Ausrufen, Bejahungen, Verneinungen) richtig anwenden.	S. 100, 101, 104
☐	... die 3. Beistrichregel (Beistrich zwischen zwei Hauptsätzen) richtig anwenden.	S. 101, 104
☐	... die 4. Beistrichregel (Beistrich zwischen Hauptsatz und Gliedsatz/Attributsatz) richtig anwenden.	S. 101, 104
☐	... die 5. Beistrichregel (Beistrich bei Appositionen/ erklärenden Einschüben) richtig anwenden.	S. 102, 104
☐	... die 6. Beistrichregel (Beistrich bei erweiterten Nennform- und Mittelwortgruppen) richtig anwenden.	S. 103, 104

Schlusstest zur Beistrichsetzung

Ü 149

Im folgenden Ausschnitt aus dem Kinder- und Jugendbuch „Drachen machen starke Sachen" von Franz Sales Sklenitzka fehlen die Beistriche. Setze sie und schreibe in die Seitenspalte, welche Beistrichregel du dabei angewendet hast! Direkte Rede und Begleitsatz werden immer mit Beistrich getrennt. Kürze diese Regel in der Seitenspalte mit BS (= Begleitsatz) ab.
In diesem Roman geht es um Ritter und Drachen, um Gute und Böse, um Lustige und Grimmige und vor allem um die Rettung von drei Drachenbabys, die Ritter Ottokar von Zipps und seine Freunde durchführen müssen.

Regel Nr.

1 Archibald Exeter der bekannte Minnesänger aus England hatte es sich gemütlich _____
gemacht. Er ahnte nichts von den Szenen die sich im Schloss des Herzogs _____
etliche Meilen entfernt abspielten. (...) Ein Diener hatte eine Tasse Tee auf die _____
Anrichte gestellt. Die modisch spitzen Schnabelschuhe hatte der Sänger ausge- _____
5 zogen und hauteng Glitzerstrumpfhosen die er bei seinen Auftritten stets trug _____
gegen bequeme Jogginghosen getauscht. _____
„So jetzt noch eine Prise Schnupftabak" summte er fröhlich vor sich hin _____
„und der Tag ist gerettet ..." _____
Da hörte Exeter plötzlich ein dumpfes Pochen am Fenster. „Nanu" murmelte _____
10 er. „Wer ist denn jetzt ... um diese Stunde? Die Fans werden langsam lästig. _____
Tja das ist der Preis den man für den Ruhm bezahlt ..." _____
Seufzend erhob sich Archibald aus dem handgeschnitzten Ohrensessel ging _____
zum Fenster öffnete es und blickte hinaus. Doch er konnte im Regendunst _____
der Dämmerung nichts erkennen. „Merkwürdig" murmelte der Sänger. „Ich _____
15 hätte schwören können da ist jemand draußen." _____
Da sprang die Tür auf. Ein Windstoß fegte durch den Raum und wirbelte _____
Archibalds Schriftstücke durcheinander. Ein ausgewachsener Kammdrache _____
stürmte in das Kaminzimmer. Er rutschte auf den Briefen aus und sauste wie _____
auf Kufen über den glatten Steinboden. Erst knapp vor der Anrichte kam das _____
20 Tier zum Stehen. _____
Es war ein besonders schönes Exemplar von einem Drachen groß und kräftig _____
also eigentlich unverwechselbar. Der Sänger erkannte den unangemeldeten _____
Besucher auch sofort. „Klemens" rief Exeter überrascht „du hier? O Boy _____
so eine Überraschung! Was ist los alter Junge? Du bist doch nicht gekom- _____
25 men um mit mir auf Tournee zu gehen? Was bringst du für Nachrichten? Du _____
meine Güte du bist ja ganz außer Atem!" (...) _____
Mit einiger Mühe gelang es ihm die Nachricht zu entziffern. „Na so was!" _____
brummte Exeter nach der ersten Zeile überrascht. „Das ist ja allerhand!" rief _____
er nach der zweiten. Und nach der dritten Zeile schrie er: „Du lieber Himmel!" _____
30 Mit jedem Wort das er las wurde sein Erstaunen größer. _____
Das Gesicht des Sängers war vor Zorn und Aufregung rot angelaufen als er _____
den Brief zu Ende gelesen hatte. „Das ist ja nicht zu fassen!" knirschte er und _____
lief in seinem Kaminzimmer auf und ab. „Silberzahn-Floretto hat die Drachen- _____
babys gekidnappt!" (...) _____

(Aus: Franz S. Sklenitzka: „Drachen machen starke Sachen", G&G Verlag, Wien 2003, S. 58–60)

DEUTSCH 3

Grammatik

Kompetent
Aufsteigen...

3. Klasse AHS·NMS

Lösungen

1 arbeiten **T**, heben **T**, zeichnen **T**, blühen **V**, trinken **T**, leben **Z**, spielen **T**, zuhören **T**, stehen **Z**, essen **T**, kommen **V**, abwaschen **T**, wachsen **V**, liegen **Z**, aufbauen **T**, hängen **Z**, schneien **V**, fließen **V**, ausmalen **T**, plätschern **V**

2

1. Stammform	2. Stammform	3. Stammform	Beugung
nennen	nannte	genannt	gemischt
spielen	spielte	gespielt	schwach
nehmen	nahm	genommen	stark
versetzen	versetzte	versetzt	schwach
sitzen	saß	gesessen	stark
rennen	rannte	gerannt	gemischt
begraben	begrub	begraben	stark
backen	backte (buk)	gebacken	gemischt (stark)
angeben	gab an	angegeben	stark
kennen	kannte	gekannt	gemischt
einschieben	schob ein	eingeschoben	stark

---

3 Merkmale der **starken** Verben sind:
- Änderung des **Stammvokals** vom Präsens zum Präteritum
- Endung auf **-en** im 2. Partizip

Merkmale der **schwachen** Verben sind:
- Unveränderter **Stammvokal**
- Endung auf **-te** im Präteritum
- Endung auf **-t** im 2. Partizip

Merkmale der **gemischten** Verben sind:
- Änderung des **Stammvokals** vom Präsens zum Präteritum (wie die starken Verben)
- Endung auf **-te** im Präteritum (wie die schwachen Verben)
- Endung auf **-t** im 2. Partizip (wie die schwachen Verben)

4

las: 2. Stammform, stark
rannte: 2. Stammform, gemischt
gewünscht: 3. Stammform, schwach
aufrufen: 1. Stammform, stark
rollte: 2. Stammform, schwach
kreischen: 1. Stammform, schwach
angesucht: 3. Stammform, schwach
servieren: 1. Stammform, schwach
schlief ein: 2. Stammform, stark
gegessen: 3. Stammform, stark
eingekauft: 3. Stammform, schwach
verheiraten: 1. Stammform, schwach

eingearbeitet: 3. Stammform, schwach
rechnete: 2. Stammform, schwach
sang: 2. Stammform, stark
verzauberte: 2. Stammform, schwach
lief aus: 2. Stammform, stark
eingekocht: 3. Stammform, schwach
ausgelaufen: 3. Stammform, stark
anfahren: 1. Stammform, stark
einbringen: 1. Stammform, gemischt
wischte ab: 2. Stammform, schwach
wusch: 2. Stammform, stark
genannt: 3. Stammform, gemischt

5

Infinitiv	1. Partizip	2. Partizip
versinken	versinkend	versunken
schneiden	schneidend	geschnitten
ziehen	ziehend	gezogen

6
1. Er <u>möchte</u> gerne eine zweite Portion <u>haben</u>. **Personalform, Infinitiv**
2. Julia <u>hat</u> sich nicht aus dem Versteck <u>getraut</u>. **Personalform, 2. Partizip**
3. Wir <u>werden</u> morgen schon zeitig <u>aufbrechen</u>. **Personalform, Infinitiv**
4. Sie <u>hatte</u> den Termin völlig <u>vergessen</u>. **Personalform, 2. Partizip**
5. Sabine <u>trug</u> einen <u>wärmenden</u> Schianzug. **Personalform, 1. Partizip**
6. Wir <u>müssen</u> das Schreiben an die Zeitung noch <u>überarbeiten</u>.
   Personalform, Infinitiv
7. <u>Hustend</u> <u>verabschiedete</u> sich der Kranke von seinen Besuchern.
   1. Partizip, Personalform
8 Der Kellner <u>hatte</u> ihr ein <u>verkohltes</u> Steak <u>serviert</u>.
   Personalform, 2. Partizip, 2. Partizip
9. Karsten <u>sollte</u> sich besser <u>informieren</u>. **Personalform, Infinitiv**
10. Die Mutter <u>hat</u> das <u>schlafende</u> Kind aus dem Auto <u>geholt</u>.
    Personalform, 1. Partizip, 2. Partizip
11. Das <u>Kleingeschriebene</u> <u>kann</u> ich nicht <u>lesen</u>.
    2. Partizip als Nomen, Personalform, Infinitiv
12. Die Kinder <u>suchten</u> nach dem <u>versunkenen</u> Floß. **Personalform, 2. Partizip**

7

Infinitiv als Nomen	**1. Partizip als Attribut**	**2. Partizip als Attribut**
das **Trinken**	die trinkende Amsel	das **getrunkene** Bier
das **Kochen**	**kochendes** Wasser	das gekochte Rindfleisch
das Einschlafen	ein **schlafendes** Baby	die **eingeschlafenen** Füße
das Sinken	das **sinkende** Schiff	der **gesunkene** Schatz
das **Denken**	der **denkende** Mensch	eine gedachte Aussage
das **Schwimmen**	eine schwimmende Kerze	die **geschwommene** Strecke

---

8
gehagelt: **infinit, 2. Partizip**
vorgefahren: **infinit, 2. Partizip**
war: **finit, 1. + 3. Person Singular**
schlafend: **infinit, 1. Partizip**
schonen: **finit, 1. + 3. Person Plural; infinit, Infinitiv**
einsetzen: **infinit, Infinitiv**
nähtet: **finit, 2. Person Plural**
ausgelaufen: **infinit, 2. Partizip**
frierend: **infinit, 1. Partizip**
hätte: **finit, 1. + 3. Person Singular**
wuschen: **finit , 1. + 3. Person Plural**
sein: **infinit, Infinitiv**
fließend: **infinit, 1. Partizip**
fressen: **infinit, Infinitiv; finit, 1. + 3. Person Plural**
wirst: **finit, 2. Person Singular**

9
1. Hubert <u>will</u> heute mit dem Hund nicht spazieren gehen. **Wunsch, Vorsatz**
2. Sabine <u>darf</u> heute früher nach Hause gehen. **Erlaubnis**
3. Karsten <u>soll</u> sich sofort beim Direktor melden. **Aufforderung**
4. Beate <u>muss</u> zur Schulärztin kommen. **Befehl**
5. Stefan <u>kann</u> schon beginnen. **Möglichkeit**
6. Patrizia <u>möchte</u> ein eigenes Zimmer haben. **Wunsch**
7. Andreas <u>mag</u> keine Suppe essen. **Wunsch**

8. Hannes <u>will</u> nicht fernsehen. **Vorsatz, Wunsch**
9. Selina <u>möchte</u> gerne Ärztin werden. **Wunsch**
10. Der Soldat <u>muss</u> sich beim Vorgesetzten melden. **Befehl**

---

1. Du <u>sollst</u> es noch einmal mit mehr Gefühl probieren! **Aufforderung**
2. Ich <u>will</u> auch mitspielen! **Wunsch**
3. Andrea, du <u>darfst</u> nach Hause gehen! **Erlaubnis**
4. Hans <u>muss</u> jeden Tag drei Tabletten nehmen. **Notwendigkeit**
5. Der Patient <u>soll</u> sich nicht aufregen. **Aufforderung**
6. Der kleine Phillip <u>kann</u> schon gehen. **Fähigkeit**
7. Nina <u>mag</u> keine roten Rüben essen. **Wunsch**
8. Du <u>musst</u> dich deswegen nicht ärgern! **Notwendigkeit**
9. Herbert <u>will</u> für die ganze Familie kochen. **Wunsch, Vorsatz**
10. Du <u>musst</u> eine Vier würfeln! **Befehl, Notwendigkeit**

---

(12)
1. Er scheint krank <u>zu sein</u>.
2. Sie meinte verletzt <u>zu sein</u>.
3. Wir gedenken nicht <u>zu kommen</u>.
4. Sie pflegen um 18 Uhr zu Abend <u>zu essen</u>.
5. Ich beabsichtige diesen Vorfall <u>anzuzeigen</u>.
6. Sie scheinen nicht zu Hause <u>zu sein</u>.
7. Die Gäste scheinen sich hier wohl <u>zu fühlen</u>.
8. Der Patient gedenkt selbstständig <u>aufzustehen</u>.

---

(13) **Vollverben (Infinitiv):** bindet (binden), kaufen, fliegen, verzagen, stehe (stehen)
Hilfsverben: sein, ist (sein), war (sein), wird (werden), hattest (haben), bist (sein), wurde (werden)
Modalverben: mag (mögen), sollten (sollen), darfst (dürfen), könntest (können)
modifizierende Verben: scheinen, meinen

---

(14)
1. Er <u>geht</u> (**Vollverb**) zur Schule.
2. Sie <u>werden</u> (**Hilfsverb**) dir <u>glauben</u> (**Vollverb im Infinitiv**).
3. Es <u>musste</u> (**Modalverb**) einmal so <u>kommen</u> (**Vollverb im Infinitiv**).
4. Sie <u>scheint</u> (**modifizierendes Verb**) heute nicht mehr zu <u>fahren</u> (**Vollverb im Infinitiv**).
5. Wir <u>hatten</u> (**Hilfsverb**) für sieben Uhr einen Tisch <u>bestellt</u> (**Vollverb im 2. Partizip**).
6. Sie <u>sollten</u> (**Modalverb**) lieber nochmals <u>fragen</u> (**Vollverb im Infinitiv**).
7. Er <u>war</u> (**Hilfsverb**) zu spät <u>gekommen</u> (**Vollverb im 2. Partizip**).
8. <u>Werden</u> (**Hilfsverb**) die anderen wenigstens pünktlich <u>ankommen</u> (**Vollverb im Infinitiv**)?
9. Ich <u>gedenke</u> (**modifizierendes Verb**) nicht länger zu <u>warten</u> (**Vollverb im Infinitiv**).
10. Sie <u>haben</u> (**Hilfsverb**) leider die Straßenbahn <u>versäumt</u> (**Vollverb im 2. Partizip**).

---

(15) **Küchenchef 1**
In einigen Fernsehkochsendungen <u>zeigen</u> echt coole Typen, dass Kochen Spaß <u>machen kann</u> und selbst gemachte Gerichte obendrein auch lecker <u>schmecken</u>.
Deshalb <u>interessieren</u> sich in unserer Klasse immer mehr Buben für das Kochen.
So <u>haben</u> mein Freund Daniel und ich uns am Schulbeginn für den Freigegenstand „Kochen und Ernährungslehre" <u>angemeldet</u>.

Meine Mutter <u>war</u> über mein Vorhaben begeistert und <u>wollte</u> mir sofort die Küche als mein neues Revier <u>übergeben</u>. Mein großer Bruder <u>schmunzelte</u> nur und <u>sagte</u>, dass es Mädchen cool <u>fänden</u>, wenn Buben kochen <u>könnten</u>. Nur mein Vater, dem sogar die Würstel beim Aufwärmen im Wasser <u>anbrennen</u>, <u>murmelte</u> etwas von „Frauensache". Doch er <u>gab</u> dann schließlich zu, dass meine Anmeldung ein erster Schritt zu einer gesunden Ernährung <u>sei</u> und ich mich später einmal nicht aus Dosen <u>ernähren</u> <u>müsse</u>. Gespannt <u>wartete</u> ich schon auf die erste Kochstunde.

Vollverben: zeigen, machen, schmecken, interessieren, angemeldet, begeistert, <u>übergeben</u> (stark), schmunzelte, sagte, <u>fänden</u> (stark), kochen, <u>anbrennen</u> (gemischt), murmelte, <u>gab</u> (stark), <u>sei</u> (hier Vollverb, stark, sei – war – gewesen), ernähren, wartete

Hilfsverben: haben, war

Modalverben: kann, wollte, könnten, müsse

---

16 **gehen:** ich geh<u>e</u>, du geh<u>st</u>, er/sie/es geh<u>t</u>, wir geh<u>en</u>, ihr geh<u>t</u>, sie geh<u>en</u>

wandern: ich wander<u>e</u>, du wander<u>st</u>, er/sie/es wander<u>t</u>, wir wander<u>n</u>, ihr wander<u>t</u>, sie wander<u>n</u>

---

17 **gehen:** ich g<u>i</u>ng, du g<u>i</u>ng<u>st</u>, er/sie/es g<u>i</u>ng, wir g<u>i</u>ng<u>en</u>, ihr g<u>i</u>ng<u>t</u>, sie g<u>i</u>ng<u>en</u>

wandern: ich wander<u>te</u>, du wander<u>test</u>, er/sie/es wander<u>te</u>, wir wander<u>ten</u>, ihr wander<u>tet</u>, sie wander<u>ten</u>

---

18 **gehen:** ich <u>bin</u> gegangen, du bi<u>st</u> gegangen, er/sie/es <u>ist</u> gegangen, wir <u>sind</u> gegangen, ihr <u>seid</u> gegangen, sie <u>sind</u> gegangen

glauben: ich hab<u>e</u> geglaubt, du ha<u>st</u> geglaubt, er/sie/es ha<u>t</u> geglaubt, wir hab<u>en</u> geglaubt, ihr hab<u>t</u> geglaubt, sie hab<u>en</u> geglaubt

---

19 **gehen:** ich <u>war</u> gegangen, du war<u>st</u> gegangen, er/sie/es <u>war</u> gegangen, wir war<u>en</u> gegangen, ihr war<u>t</u> gegangen, sie war<u>en</u> gegangen

glauben: ich hatt<u>e</u> geglaubt, du hatt<u>est</u> geglaubt, er/sie/es hatt<u>e</u> geglaubt, wir hatt<u>en</u> geglaubt, ihr hatt<u>et</u> geglaubt, sie hatt<u>en</u> geglaubt

---

20 **gehen:** ich werd<u>e</u> gehen, du wir<u>st</u> gehen, er/sie/es <u>wird</u> gehen, wir werd<u>en</u> gehen, ihr werd<u>et</u> gehen, sie werd<u>en</u> gehen

glauben: ich werd<u>e</u> glauben, du wir<u>st</u> glauben, er/sie/es <u>wird</u> glauben, wir werd<u>en</u> glauben, ihr werd<u>et</u> glauben, sie werd<u>en</u> glauben

---

21 **gehen:** ich werd<u>e</u> gegangen sein, du wir<u>st</u> gegangen sein, er/sie/es <u>wird</u> gegangen sein, wir werd<u>en</u> gegangen sein, ihr werd<u>et</u> gegangen sein, sie werd<u>en</u> gegangen sein

glauben: ich werd<u>e</u> geglaubt haben, du wir<u>st</u> geglaubt haben, er/sie/es <u>wird</u> geglaubt haben, wir werd<u>en</u> geglaubt haben, ihr werd<u>et</u> geglaubt haben, sie werd<u>en</u> geglaubt haben

---

22 **Präsens:** ich ziehe, du ziehst, er/ ... zieht, wir ziehen, ihr zieht, sie ziehen

Präteritum: ich zog, du zogst, er/ ... zog, wir zogen, ihr zogt, sie zogen

Perfekt:	ich habe gezogen, du hast gezogen, er/ ... hat gezogen, wir haben gezogen, ihr habt gezogen, sie haben gezogen
Plusquamperfekt:	ich hatte gezogen, du hattest gezogen, er/ ... hatte gezogen, wir hatten gezogen, ihr hattet gezogen, sie hatten gezogen
Futur I:	ich werde ziehen, du wirst ziehen, er/ ... wird ziehen, wir werden ziehen, ihr werdet ziehen, sie werden ziehen
Futur II:	ich werde gezogen haben, du wirst gezogen haben, er/ ... wird gezogen haben, wir werden gezogen haben, ihr werdet gezogen haben, sie werden gezogen haben

Präsens:	ich liege, du liegst, er/ ... liegt, wir liegen, ihr liegt, sie liegen
Präteritum:	ich lag, du lagst, er/ ... lag, wir lagen, ihr lagt, sie lagen
Perfekt:	ich bin gelegen, du bist gelegen, er/ ... ist gelegen, wir sind gelegen, ihr seid gelegen, sie sind gelegen
Plusquamperfekt:	ich war gelegen, du warst gelegen, er/ ... war gelegen, wir waren gelegen, ihr wart gelegen, sie waren gelegen
Futur I:	ich werde liegen, du wirst liegen, er/ ... wird liegen, wir werden liegen, ihr werdet liegen, sie werden liegen
Futur II:	ich werde gelegen sein, du wirst gelegen sein, er/ ... wird gelegen sein, wir werden gelegen sein, ihr werdet gelegen sein, sie werden gelegen sein

---

23

1. Wir <u>sind</u> um die Wette geschwommen. **Perfekt**
2. Der Hund <u>ist</u> im Wald verschwunden. **Perfekt**
3. Du <u>wirst</u> doch mitspielen? **Futur**
4. Die Farbe <u>wird</u> sich beim Waschen verändern. **Futur**
5. Ich <u>bin</u> ins Ziel gelaufen. **Perfekt**
6. Die Verletzten <u>waren</u> gehumpelt. **Plusquamperfekt**
7. Die Köche <u>hatten</u> gekostet. **Plusquamperfekt**
8. Du <u>bist</u> gerade noch entkommen. **Perfekt**
9. Wir <u>werden</u> diesen Abend nicht vergessen. **Futur**
10. Die Ärzte <u>werden</u> gleich kommen. **Futur**
11. Der Jockey <u>war</u> grandios geritten. **Plusquamperfekt**
12. Er <u>wird</u> das Arbeitsblatt für dich kopieren. **Futur**

24

1. Conny <u>versuchte</u> immer schneller zu <u>fahren</u>. **Präteritum, Infinitiv**
2. Wir <u>brauchen</u> nicht länger zu <u>warten</u>. **Präsens, Infinitiv**
3. Norbert <u>ist</u> mit seinem Scooter schwer <u>gestürzt</u>. **Perfekt: Hilfsverb + 2. Partizip**
4. Renate <u>wird</u> der Lehrerin die Blumen <u>überreichen</u>. **Futur: Hilfsverb + Infinitiv**
5. Tante Käthe <u>hat</u> erst gestern ihr neues Auto <u>bekommen</u>.
   Perfekt: Hilfsverb + 2. Partizip
6. Paul <u>brachte</u> die Pakete zuverlässig zur Post. **Präteritum**
7. Meine Katze <u>wird</u> bald Junge <u>bekommen</u>. **Futur: Hilfsverb + Infinitiv**
8. Helga <u>hatte</u> ihren Ausweis <u>vergessen</u>. **Plusquamperfekt: Hilfsverb + 2. Partizip**
9. <u>Bist</u> du am Sonntag in der Messe <u>gewesen</u>? **Perfekt: Hilfsverb + 2. Partizip**
10. <u>Seid</u> ihr erst heute <u>angekommen</u>? Perfekt: **Hilfsverb + 2. Partizip**
11. Er <u>war</u> nicht <u>mitgegangen</u>. Plusquamperfekt: **Hilfsverb + 2. Partizip**

25

Präsens	Die neue Lehrerin betritt das Klassenzimmer.
Präteritum	Die neue Lehrerin betrat das Klassenzimmer.
Perfekt	Die neue Lehrerin hat das Klassenzimmer betreten.
Plusquamperfekt	Die neue Lehrerin hatte das Klassenzimmer betreten.
Futur I	Die neue Lehrerin wird das Klassenzimmer betreten.
Futur II	Die neue Lehrerin wird das Klassenzimmer betreten haben.

Präsens	Die 3a fährt auf Schikurs.
Präteritum	Die 3a fuhr auf Schikurs.
Perfekt	Die 3a ist auf Schikurs gefahren.
Plusquamperfekt	Die 3a war auf Schikurs gefahren.
Futur I	Die 3a wird auf Schikurs fahren.
Futur II	Die 3a wird auf Schikurs gefahren sein.

26

1. Wir **schauen** uns einen Film **an**, nachdem wir die Prüfungen erfolgreich **abgeschlossen haben**. **Präsens + Perfekt**
Wir **schauten** uns einen Film **an**, nachdem wir die Prüfungen erfolgreich **abgeschlossen hatten**. **Präteritum + Plusquamperfekt**
2. Stefan **bekommt** ein neues Handy, nachdem er vorgestern sein altes **verkauft hat**.
Stefan **bekam** ein neues Handy, nachdem er vorgestern sein altes **verkauft hatte**.
3. Barbara **findet** ihre Turnschuhe zu Hause im Keller, nachdem sie die gesamte Schülergarderobe **abgesucht hat**.
Barbara **fand** ihre Turnschuhe zu Hause im Keller, nachdem sie die gesamte Schülergarderobe **abgesucht hatte**.
4. Nachdem Sybille das ganze Schuljahr den Maschinschreibkurs **besucht hat**, **schreibt** sie ihre Aufgaben nur mehr am Computer und **erspart sich** eine Menge Zeit.
Nachdem Sybille das ganze Schuljahr den Maschinschreibkurs **besucht hatte**, **schrieb** sie ihre Aufgaben nur mehr am Computer und **ersparte sich** eine Menge Zeit.

27

1. In der neuen Klasse <u>werdet</u> ihr gewiss nette Schulkollegen <u>haben</u>. **Vermutung**
2. Ihr <u>werdet</u> das nie wieder <u>tun</u>! **Befehl**
3. Die jungen Katzen <u>werden</u> bald stubenrein <u>sein</u>. **Vermutung**
4. Wir <u>werden</u> heute nur eine kurze Pause <u>machen</u>. **Absicht**
5. Du <u>wirst</u> keine nächste Chance von mir <u>bekommen</u>. **Absicht**
6. Heute in der Nacht <u>wird</u> es <u>schneien</u>. **Vermutung**

28

1. Er <u>wird</u> sicherlich erst spät nach Hause <u>gekommen sein</u>. **Vermutung**
2. Unsere Mannschaft <u>wird</u> das Match doch <u>gewonnen haben</u>. **Vermutung**
3. Nächstes Jahr um diese Zeit <u>wird</u> Gabi die Aufnahmeprüfung schon <u>geschafft haben</u>. **Abgeschlossenes**
4. Nächsten Monat <u>wird</u> Julia auch die Schwimmprüfung <u>bestanden haben</u>. **Abgeschlossenes**
5. Felix <u>wird</u> das Klassenbuch wieder <u>liegen gelassen haben</u>. **Vermutung**

29 **Aktiv**

Präsens:	Der Verkäufer öffnet das Geschäft.
Präteritum:	Der Verkäufer öffnete das Geschäft.
Perfekt:	Der Verkäufer hat das Geschäft geöffnet.
Plusquamperfekt:	Der Verkäufer hatte das Geschäft geöffnet.
Futur I:	Der Verkäufer wird das Geschäft öffnen.

Vorgangspassiv

Präsens:	Das Geschäft wird geöffnet.
Präteritum:	Das Geschäft wurde geöffnet.
Perfekt:	Das Geschäft ist geöffnet worden.
Plusquamperfekt:	Das Geschäft war geöffnet worden.
Futur I:	Das Geschäft wird geöffnet werden.

Zustandspassiv

Präsens:	Das Geschäft ist geöffnet.
Präteritum:	Das Geschäft war geöffnet.
Perfekt:	Das Geschäft ist geöffnet gewesen.
Plusquamperfekt:	Das Geschäft war geöffnet gewesen.
Futur I:	Das Geschäft wird geöffnet sein.

30 **Aktiv**

Präsens:	Karin schreibt ein SMS.
Präteritum:	Karin schrieb ein SMS.
Perfekt:	Karin hat ein SMS geschrieben.
Plusquamperfekt:	Karin hatte ein SMS geschrieben.
Futur I:	Karin wird ein SMS schreiben.

Vorgangspassiv

Präsens:	Ein SMS wird geschrieben.
Präteritum:	Ein SMS wurde geschrieben.
Perfekt:	Ein SMS ist geschrieben worden.
Plusquamperfekt:	Ein SMS war geschrieben worden.
Futur I:	Ein SMS wird geschrieben werden.

Zustandspassiv

Präsens:	Ein SMS ist geschrieben.
Präteritum:	Ein SMS war geschrieben.
Perfekt:	Ein SMS ist geschrieben gewesen.
Plusquamperfekt:	Ein SMS war geschrieben gewesen.
Futur I:	Ein SMS wird geschrieben sein.

31

1. Mein Hund gräbt im Garten ein tiefes Loch. **Aktiv, Präsens**
2. Wahrscheinlich wird er darin einen Knochen verstecken. **Aktiv, Futur I**
3. Morgen wird der Knochen wieder ausgegraben werden. **VP, Futur I**
4. Dieses Spielchen war von ihm schon oft veranstaltet worden. **VP, PP**

32 1. Das Stiegenhaus wird vom Hausmeister wöchentlich gereinigt. **VP, Präsens**
2. Auch die Fenster putzt er jede Woche. **Aktiv, Präsens**
3. Die Gartenanlage wird erst wieder im Sommer gepflegt werden. **VP, Futur I**
4. Im Winter wird der vereiste Gehsteig ordentlich gestreut. **VP, Präsens**
5. Sind die Mülltonnen schon entleert worden? **VP, Perfekt**
6. Der Gehweg wird gekehrt werden. **VP, Futur I**
7. Die Haussprechanlage ist bereits überprüft worden. **VP, Perfekt**
8. Die Techniker sind schon um 8 Uhr Früh gekommen. **Aktiv, Perfekt**
9. Die Steckverbindungen der Kabel sind locker zusammengesetzt gewesen. **ZP, Perfekt**
10. Auch waren die elektrischen Leitungen nicht vorschriftsmäßig verlegt worden. **VP, Plusquamperfekt**

33 1. **VP, Plusquamperfekt**   5. **VP, Plusquamperfekt**
2. **VP, Perfekt**   6. **VP, Perfekt**
3. **VP, Präteritum**   7. **VP, Futur I**
4. **Aktiv, Futur I**   8. **Aktiv, Futur I**

34 2. sie sind geimpft: **ZP Präsens**; Futur I: **sie werden geimpft sein**
3. es wurde wieder geöffnet: **VP Präteritum**; Perfekt: **es ist wieder geöffnet worden**
4. sie werden bezahlt: **VP, Präsens**; Präteritum: **sie wurden bezahlt**
5. es wird abgegeben: **VP, Präsens**; Plusquamperfekt: **es war abgegeben worden**
6. ich bin gelandet: **Aktiv, Perfekt**; Präsens: **ich lande**
7. du warst gejagt worden: **VP, Plusquamperfekt**; Präsens: **du wirst gejagt**
8. es ist zu spät gewesen: **Aktiv, Perfekt**; Futur I: **es wird zu spät sein**
9. sie waren beschädigt gewesen: **ZP, Plusquamperfekt**;
Futur I: **sie werden beschädigt sein**
10. es wird vorgelesen werden: **VP, Futur I**; Präsens: **es wird vorgelesen**
11. ihr wurdet verständigt: **VP, Präteritum**;
Plusquamperfekt: **ihr wart verständigt worden**
12. es wird schon verkauft sein: **ZP, Futur I**; Präsens: **es ist verkauft**
13. sie waren gezählt gewesen: **ZP, Plusquamperfekt**; Präteritum: **sie waren gezählt**

35 1. **Vorgangspassiv, Perfekt:** Meine Schwester ist am Donnerstag operiert worden.
2. **Aussagesatz, Vorgangspassiv, Präsens:** Die Tafel wird gelöscht.
3. **Fragesatz, Zustandspassiv, Präteritum:** War die Schultasche gepackt?
4. **Vorgangspassiv, Perfekt:** Mein Auto ist am Montag lackiert worden.
5. **Zustandspassiv, Präteritum:** Die Fragebögen waren vom Beamten geprüft.
6. **Aussagesatz, Vorgangspassiv, Präsens:** Das Fenster wird geöffnet.
7. **Fragesatz, Zustandspassiv, Präteritum:** War der Koffer ausgepackt?

36 1. **Zieh** dir deine Schuhe an!
2. **Wartet** bei der Bushaltestelle!
3. **Klettert** nicht auf das Gerüst!
4. **Betritt** nicht den Rasen!
5. **Kauf** vitaminreiches Obst und Gemüse!
6. **Tragt** Miniröcke!
7. **Demonstriert** gegen die geplante Reform!

8. **Ruf** mich um 20 Uhr an!
9. **Nimm** dir zwei Stück Fleisch!
10. **Schreib** deine Hausübung ordentlich!

37

Infinitiv	Präsens	Konjunktiv I
gehen	ich gehe	ich gehe
	du gehst	du gehest
	er/sie/es geht	er/sie/es gehe
	wir gehen	wir gehen
	ihr geht	ihr gehet
	sie gehen	sie gehen
glauben	ich glaube	ich glaube
	du glaubst	du glaubest
	er/sie/es glaubt	er/sie/es glaube
	wir glauben	wir glauben
	ihr glaubt	ihr glaubet
	sie glauben	sie glauben

38

Infinitiv	Präsens	Konjunktiv I
zählen	wir zählen	wir zählen
ziehen	du ziehst	du ziehest
wissen	er weiß	er wisse
spitzen	ich spitze	ich spitze
mögen	ich mag	ich möge
sitzen	er sitzt	er sitze
legen	du legst	du legest
aufstellen	er stellt auf	er stelle auf
montieren	sie montieren	sie montieren
sein	du bist	du sei(e)st
putzen	sie putzt	sie putze
haben	du hast	du habest
anhalten	es hält an	es halte an

39

Präsens	Konjunktiv I	Präsens	Konjunktiv I
er spricht (sprechen)	er spreche	er darf (dürfen)	er dürfe
sie trägt	sie trage	sie hat (haben)	sie habe
er isst (essen)	er esse	sie schlafen	sie schlafen
wir laufen	wir laufen	ich koche	ich koche
sie sieht (sehen)	sie sehe	wir turnen	wir turnen
es regnet	es regne	sie liest (lesen)	sie lese

40

Präteritum	Konjunktiv II	Präteritum	Konjunktiv II
ich ging	ich ginge	ich glaubte	ich glaubte
du gingst	du gingest	du glaubtest	du glaubtest
er/sie/es ging	er/sie/es ginge	er/sie/es glaubte	er/sie/es glaubte
wir gingen	wir gingen	wir glaubten	wir glaubten
ihr gingt	ihr ginget	ihr glaubtet	ihr glaubtet
sie gingen	sie gingen	sie glaubten	sie glaubten

41

Konjunktiv II	Konjunktiv II
(er spräche)/würde sprechen	(er läse)/würde lesen
(sie trüge)/würde tragen	sie käme
wir liefen/würden laufen	ihr wäret
sie sähe/würde sehen	er träte ein/würde eintreten
es regnete/würde regnen	es läge/würde liegen
du schliefest/würdest schlafen	sie tränke/würde trinken
er dürfte	(er grübe)/würde graben

42

Präsens	Konjunktiv I	Präteritum	Konjunktiv II
es läuft	er male an	du flohst	sie flöge
sie schwimmt	sie koche	ich las	ihr kämet
wir essen	er lese vor	du warst	ich dürfte
sie lügt	er nehme	sie kochten	sie hätte
es ist	es scheine	wir warfen	es wäre
er nimmt	er schlafe	sie trank aus	er verspräche
ich bin	es habe	sie lagen	sie wüssten
er kauft ein	es zeige sich	du konntest	er bliebe
es passt	sie sitze	er trank aus	er stäche

43

Konjunktiv I	Konjunktiv II	Konjunktiv I	Konjunktiv II
ich habe	ich hätte	ich sei	ich wäre
du habest	du hättest	du sei(e)st	du wär(e)st
er/sie/es habe	er/sie/es hätte	er/sie/es sei	er/sie/es wäre
wir haben	wir hätten	wir seien	wir wären
ihr habet	ihr hättet	ihr seiet	ihr wär(e)t
sie haben	sie hätten	sie seien	sie wären

44
1. Wenn sie doch endlich **käme**.
2. Mutter **könnte** dir dabei helfen.
3. Ihr tut so, als **läge** es nur an mir.
4. Erika tat so, als ob sie uns nicht **sähe**.
5. Das **täte** mir aber leid!
6. Er tut so, als **müsste** er alles allein machen.
7. Ronny **ginge** sicherlich mit, wenn er von der Party **wüsste**.
8. Renate **sollte** längst fertig sein.
9. Wenn ich so reich **wäre**, **läge** ich nur mehr in der Sonne.
10. Sie **sollten** weniger streiten.

45
1. Er flüstert, es <u>läute</u> in fünf Minuten.
2. Sie behauptet, **ihr** Fahrradschloss <u>sei</u> kaputt.
3. Daniela meint, **sie** <u>gebe</u> **ihr** Schularbeitsheft schon <u>ab</u>.
4. Tobias berichtet enttäuscht, sie <u>treffe</u> sich heute mit Benno.
5. Onkel Thomas bietet uns an, **er** <u>borge</u> **uns sein** neues Auto.
6. Ronald verkündet, sie <u>rufe</u> **ihn** bestimmt <u>an</u>.
7. Der Gast beschwert sich, **er** <u>warte</u> schon sehr lange auf **seine** Bestellung.
8. Bernhard jubelte, **er** <u>freue</u> **sich** über **seinen** neuen Fußball.
9. Der Filialleiter versprach mir, **er** <u>werde</u> **mich** wegen des Ferialjobs <u>anrufen</u>.

12

 46
1. Er flüstert, **dass** es in fünf Minuten <u>läute</u>.
2. Sie behauptet, **dass** ihr Fahrradschloss kaputt <u>sei</u>.
3. Daniela meint, **dass** sie ihr Schularbeitsheft schon <u>abgebe</u>.
4. Tobias berichtet enttäuscht, **dass** sie sich heute mit Benno <u>treffe</u>.
5. Onkel Thomas bietet uns an, **dass** er uns sein neues Auto <u>borge</u>.
6. Ronald verkündet, **dass** sie ihn bestimmt <u>anrufe</u>.
7. Der Gast beschwert sich, **dass** er schon sehr lange auf seine Bestellung <u>warte</u>.
8. Bernhard jubelt, **dass** er sich über seinen neuen Fußball <u>freue</u>.
9. Der Filialleiter verspricht mir, **dass** er mich wegen des Ferialjobs <u>anrufe</u>.

47
1. Karl fragt seinen Bruder, **ob** er ihm sein Skateboard <u>borge</u>.
2. Gerhard fragt ihn, **ob** er mit seinem Auto im Hof <u>parke</u>.
3. Sanja fragt uns, **ob** wir auch ins Kino <u>mitkämen</u> (<u>mitkommen würden</u>).
4. Vicky fragte ihn, **ob** er ihr auch eine Wurstsemmel <u>mitbringe</u>.
5. Patrick fragte mich, **ob** ich seine Nachspeise <u>essen wolle</u>.

 48
starke Verben: sitzen, lesen, bitten, schneiden, graben, fallen
schwache Verben: meinen, klopfen, legen, verdrängen, reden, arbeiten, turnen, setzen, senden* – sendete – gesendet
gemischte Verben: denken, bringen, wissen, senden* – sandte – gesandt, verbrennen
* Eine Radiosendung wurde gesendet. Das Paket wurde versandt.

 49
1. Monika erzählt ihrer Freundin, sie <u>verreise</u> morgen (am nächsten Tag) mit **ihrem** Freund.
2. Der Radiosprecher meldete, die Umfahrungsstraße <u>sei</u> morgen (am nächsten Tag) wegen Bauarbeiten gesperrt.
3. Hilde telefonierte mit ihrer Tochter, **sie** <u>verlängere</u> **ihren** Kuraufenthalt um eine Woche.
4. Sonja beschwert sich bei Peter, **sie** <u>habe</u> hier (dort) lange genug auf ihn gewartet.
5. Karl meinte, **er** <u>wolle</u> **sein** Taschengeld lieber sparen.

 50

Infinitiv	Konjunktiv I	Präteritum	Konjunktiv II
sein	er sei	er war	er wäre
lesen	er lese	er las	er läse
schlafen	er schlafe	er schlief	er schliefe
bringen	er bringe	er brachte	er brächte
können	er könne	er konnte	er könnte
kommen	er komme	er kam	er käme
haben	er habe	er hatte	er hätte
schreiben	er schreibe	er schrieb	er schriebe
werden	er werde	er wurde	er würde

51
1. Wenn der Störungsdienst doch endlich **käme**!
2. Er **könnte** morgen vielleicht schon den Gipfel erreichen.
3. Er **liefe**, wenn er von der Gefahr **wüsste**.
4. Wenn ich so krank **wäre** wie du, **bliebe** ich im Bett.
5. Meine kleine Schwester tat so, als **schliefe** sie bereits.
6. Wir **sollten** uns lieber untersuchen lassen.

52 **Indikativ:** geht; ist gegangen; gehe; gehst; komme, kommt; kam; gibt, gabst, gebe; gaben; läufst; laufe; war gelaufen

Konjunktiv I + II: ginge, gehe; komme; käme; gäbe; gebe; liefe; laufe

Imperativ: geh (Geh!); komm (Komm!); kommt (Kommt!); gib (Gib!); lauft (Lauft!); lauf, laufe (Lauf! Laufe!)

53
1. <u>Lauf</u> nicht auf die Straße! **Imperativ**
2. Ich <u>finde</u> mein Handy nicht. **Indikativ**
3. Es <u>möge</u> doch immer so <u>bleiben</u>! **Konjunktiv/Modalverb**
4. Diesen Sommer <u>trägt</u> die modebewusste Frau kurze Röcke. **Indikativ**
5. <u>Gib</u> mir bitte deine Hand! **Imperativ**
6. <u>Trag</u> dich hier <u>ein</u>! **Imperativ**
7. <u>Könnte</u> er mir mehr <u>geben</u>? **Konjunktiv/Modalverb**
8. Ich <u>dachte</u>, er <u>hätte</u> schon <u>gegessen</u>. **Indikativ, Konjunktiv/Hilfsverb**
9. Man <u>nehme</u> nur frische Zutaten. **Konjunktiv**
10. <u>Steh</u> doch endlich still! **Imperativ**

54
2. Peter läuft in die Klasse. **Präsens, Aktiv, Indikativ**
3. Die Schultasche wird gepackt. **Präsens, Passiv, Indikativ**
4. Schriebe er mir doch ein SMS! **Präteritum, Aktiv, Konjunktiv II**
5. Wir waren gestern Schuhe kaufen. **Präteritum, Aktiv, Indikativ**
6. Moritz vergaß die Turnbefreiung zu Hause. **Präteritum, Aktiv, Indikativ**
7. Sie wurde von ihm am Küchentisch liegen gelassen. **Präteritum, Passiv, Indikativ**
8. Wenn er doch endlich käme! **Präteritum, Aktiv, Konjunktiv II**

55
2. Er <u>möchte</u> morgen nicht <u>kommen</u>. **Modalverb; Vollverb, Infinitiv**
3. <u>Ist</u> er schon da? **Hilfsverb als Vollverb gebraucht**
4. Kurt <u>hatte</u> seine Turnsachen zu Hause <u>vergessen</u>. **Hilfsverb; Vollverb, 2. Partizip**
5. <u>Möchtest</u> du lieber später darüber <u>reden</u>? **Modalverb; Vollverb, Infinitiv**
6. Du <u>wirst</u> das noch <u>bereuen</u>! **Hilfsverb; Vollverb, Infinitiv**
7. Es <u>scheint</u> schon zu <u>wirken</u>. **modifizierendes Verb; Vollverb, Infinitiv**
8. Marlies <u>darf</u> nicht zu spät nach Hause <u>kommen</u>. **Modalverb; Vollverb, Infinitiv**
9. Der Brief <u>muss</u> heute noch <u>abgeschickt werden</u>.
   Modalverb; Vollverb, 2. Partizip; Hilfsverb, Infinitiv; PASSIV
10. Der Bus <u>war</u> gestern zu früh <u>abgefahren</u>. **Hilfsverb; Vollverb, 2. Partizip**
11. Roman <u>konnte</u> heute nicht lange <u>bleiben</u>. **Modalverb; Vollverb, Infinitiv**
12. Die Computermaus <u>wurde</u> <u>ausgetauscht</u>. **Hilfsverb; Vollverb, 2. Partizip; PASSIV**
13. Sabrina <u>wird</u> heute eine Schularbeit <u>schreiben</u>. **Hilfsverb; Infinitiv**
14. Auch der Altbürgermeister <u>gedachte</u> zur feierlichen Eröffnung zu <u>kommen</u>.
    modifizierendes Verb; Vollverb, Infinitiv
15. Das Interview <u>wurde</u> <u>aufgezeichnet</u>. **Hilfsverb; Vollverb, 2. Partizip; PASSIV**

56
2. Letzte Woche <u>ist</u> der vermisste Kater <u>gefunden worden</u>. **Perfekt, VP**
3. Das Auto <u>war</u> rot <u>lackiert gewesen</u>. **Plusquamperfekt, ZP**
4. Seine Schritte <u>sind</u> immer größer <u>geworden</u>. **Perfekt, Aktiv**
5. Dieser Nagel <u>ist</u> von mir <u>eingeschlagen worden</u>. **Perfekt, VP**
6. Das Zimmer <u>war</u> schon <u>aufgeräumt gewesen</u>. **Plusquamperfekt, ZP**
7. Die Kassa <u>wird</u> vom Chef persönlich <u>überprüft werden</u>. **Futur I, VP**
8. Die Kinder <u>werden</u> am Weltspartag ihre Ersparnisse <u>einzahlen</u>. **Futur I, Aktiv**
9. Er <u>wird</u> sich sicherlich <u>getäuscht haben</u>. **Futur II, Aktiv**

57
1. Die Klavierlehrerin ermahnt Gabi, **sie** müsse mehr üben.
2. Die Ärztin verordnete dem Kranken, er **dürfe** nur mit Krücken gehen.
3. Der Trainer rät seiner Mannschaft, sie **solle** aggressiver spielen.

58
1. Ich <u>bin</u> **geimpft** <u>worden</u>. **1. Pers. Sg., Perfekt, Ind., VP**
2. **Stellt** die Sessel auf den Tisch! **Imperativ, Pl.**
3. Der Schlitten <u>wurde</u> **gezogen**. **3. Pers. Sg., Präteritum, Ind., VP**
4. Der Rasen <u>ist</u> bereits **gemäht**. **3. Pers. Sg., Präsens, Ind., ZP**
5. Der Gärtner <u>hatte</u> die Hecke **geschnitten**. **3. Pers. Sg., Plusquamp., Ind., Aktiv**
6. Die Turmuhr <u>war</u> damals schon **repariert** <u>gewesen</u>. **3. Pers. Sg., Plusquamp., Ind., ZP**
7. Der Spieler <u>wurde</u> schwer **gefoult**. **3. Pers. Sg., Präteritum, Ind., VP**
8. Er **nehme** drei Tropfen täglich. **3. Pers. Sg., Präsens, Konj., Aktiv**
9. **Komm** schnell herein! **Imperativ, Sg.**
10. Dagmar <u>will</u> unbedingt mit der Bahn **fahren**. **3. Pers. Sg., Präsens, Ind., Aktiv**
11. Mein Zeugnis <u>wird</u> dieses Semester gut **ausfallen**. **1. Pers. Sg., Futur I, Ind., Aktiv**
12. Der Schauspieler <u>ist</u> **geehrt** <u>worden</u>. **3. Pers. Sg., Perfekt, Ind., VP**

---

59 <u>Verben</u>, **Konjunktiv**
Küchenchef 2

Sehr motiviert und zum Kochen bereit, <u>erschienen</u> Daniel und ich zur ersten Kochstunde. Nach einer kurzen theoretischen Einführung in die „Küchengeheimnisse" <u>kamen</u> wir endlich zum praktischen Teil – nämlich zur Suppe.
Jede der vier Gruppen <u>bekam</u> von unserer Kochlehrerin die Aufgabe, eine Suppe zu <u>kochen</u>. Bei einer abschließenden Verkostung **sollte** die beste <u>ausgezeichnet</u> <u>werden</u>. Daniel und ich <u>waren</u> in der Gruppe, die Rindsuppe mit Frittateneinlage <u>zubereiten</u> <u>durfte</u>. Es <u>schien</u> alles sehr einfach zu <u>gehen</u>: Suppe <u>kochen</u>, Palatschinken <u>machen</u>, Frittaten <u>schneiden</u>, in eine Schüssel <u>schütten</u>, fertig!
Selbstsicher <u>räumten</u> wir das Kochgeschirr aus dem Schrank und <u>jonglierten</u> mit Sieb und Suppenschöpfern wie die coolen Fernsehköche.
Wir <u>ließen</u> die Eier über die Arbeitsplatte <u>rollen</u> und <u>benutzten</u> die Schneerute – wie ein Mikrofon – für wichtige Durchsagen.
Sebastian und Sonja, die beiden **sollten** die Frittaten <u>backen</u>, <u>schüttelten</u> fassungslos ihre Köpfe.
Es <u>war</u> vielleicht ein kleiner Fehler, dass wir unserer Lehrerin nur beiläufig <u>zuhörten</u> und lieber coole Sprüche <u>klopften</u>.
Es <u>schien</u> überaus einfach zu <u>sein</u>, dieses Büschel Gemüse zu <u>putzen</u> und dann mit Salz, einem Stückchen Rindfleisch und ein paar Knochen im Wasser zu <u>kochen</u>.
Die bald preisgekrönte Suppe <u>köchelte</u>, und Daniel und ich <u>unterhielten</u>, besser <u>gesagt</u>, <u>nervten</u> die anderen währenddessen mit Hip-Hop- und Rap-Gesang.
Elegant <u>warf</u> ich meinem Kochgehilfen den großen Seiher <u>zu</u> und dieser <u>hielt</u> ihn lässig mit einer Hand über das Waschbecken. Schnell <u>leerte</u> er den Inhalt des Suppentopfes in den Seiher.
Das Wurzelgemüse, die Rindsknochen und das kleine Stückchen Fleisch <u>purzelten</u> ins Sieb. Wir <u>klatschten</u> mit den Handflächen zusammen. So einfach <u>konnte</u> also Kochen <u>sein</u>.
Als uns aber unsere Lehrerin nach der Suppe <u>fragte</u>, <u>wurden</u> wir beide bleich vor Schreck. Am liebsten **wäre** ich in den Ausguss des Waschbeckens <u>gesprungen</u> und **hätte** die Suppe <u>herausgepumpt</u>.

Daniel <u>zeigte</u> ins Waschbecken und auf das volle Sieb. Er <u>stammelte</u> nur, er **habe** die Suppe hier <u>hineingeleert</u> und **wolle** ...

„Echt cool", <u>unterbrach</u> ihn Sonja, „zwei wahre Küchenchefs!"

„<u>Habt</u> ihr euch das im Fernsehen bei Dick und Doof <u>abgeschaut</u>?", <u>rappte</u> Sebastian. Dass unsere Suppe nicht den ersten Platz <u>bekommen</u> <u>hat</u>, <u>muss</u> ich nicht ausdrücklich <u>erwähnen</u>. Aber echt <u>erniedrigend</u> (1. Partizip) <u>war</u>, dass wir die <u>ausgekochten</u> (2. Partizip) Zutaten unter dem Gelächter der anderen nochmals <u>kochen</u> und dann dieses „heiße Wasser" mit Frittaten zum Verkosten <u>servieren</u> <u>mussten</u>.

Vollverben:	erschienen, kamen, bekam, kochen (4x), ausgezeichnet, zubereiten, gehen, machen, schneiden, schütten, räumten, jonglierten, ließen, rollen, benutzten, backen, schüttelten, war (hier als Vollverb), zuhörten, klopften, putzen, köchelte, unterhielten, gesagt, nervten, warf zu, hielt, leerte, purzelten, klatschten, fragte, gesprungen, herausgepumpt, zeigte, stammelte, hineingeleert, unterbrach, abgeschaut, rappte, bekommen, erwähnen, servieren
Hilfsverben:	werden, waren, war (2x), sein (2x), wurden, wäre, hätte, habe, habt, hat
Modalverben:	sollte, durfte, sollten, konnte, wolle, muss, mussten
modifizierende Verben:	schien (2x)

60

Konkreta:	Sand, Schulhaus, Käse, Stadt, Gewässer, Gas, Glas, Riese, Drache, Wolke
Abstrakta:	Klugheit, Mathematik, Liter, Spaß, Ruhe, Geborgenheit, Stunde, Freude, Härte

---

61

1. Schüler + Versammlung = die Schülerversammlung (weiblich)
2. Geld + Börse = die Geldbörse (weiblich)
3. Kinder + Buch + Autor = der Kinderbuchautor (männlich)
4. Heft + Umschlag = der Heftumschlag (männlich)
5. Tafel + Schwamm = der Tafelschwamm (männlich)
6. Blumen + Beet = das Blumenbeet (sächlich)

62

starke Beugung:	der Garten, der Hund, der Gast, das Band/der Band, die Nacht
schwache Beugung:	der Mensch, der Student, die Palme, die Kur, der Buchstabe
gemischte Beugung:	das Mädchen, das Bett

63

2. Ich fange <u>den Ball</u>. **Wen oder was? 4. Fall**
3. Ihr glaubt <u>dem Jungen</u> nicht. **Wem? 3. Fall**
4. Du kauftest dir gestern <u>die Zeitung</u>. **Wen oder was? 4. Fall**
5. <u>Das Buch</u> wird nicht mehr gedruckt. **Wer oder was? 1. Fall**
6. Wir üben <u>das Maschinschreiben</u>. **Wen oder was? 4. Fall**
7. Sie vertrauen <u>dem Arzt</u>. **Wem? 3. Fall**
8. Er wird <u>des Verbrechens</u> angeklagt. **Wessen? 2. Fall**
9. <u>Unser Hund</u> darf nicht ins Schlafzimmer. **Wer oder was? 1. Fall**
10. Er gibt <u>dem Freund</u> <u>die Hand</u>. **Wem? 3. Fall, Wen oder was? 4. Fall**

64

1. Der Verkäufer grüßt den Kund**en**. **4. Fall, mich**
2. Der Botendienst bringt de**m** Mann die bestellte Ware. **3. Fall, mir**
3. Die Großeltern schenken de**m** Enkelsohn de**n** versprochenen Computer.
   3. Fall, mir; 4. Fall, mich
4. Die Verliebte schreibt de**m** Verlobt**en** einen Liebesbrief. **3. Fall, mir; 4. Fall, mich**
5. Der Hund erkannte sein**en** Herrn sofort. **4. Fall, mich**
6. Gib mir bitte den Dosenöffner! **4. Fall, mich**
7. Sie glaubt ihre**m** Freund. **3. Fall, mir**
8. Er borgt de**m** Nachbarn (Sg.)/de**n** Nachbarn (Pl.) de**n** Rasenmäher.
   3. Fall, mir; 4. Fall, mich
9. Wir versprechen de**n** Kindern einen Kinobesuch. **3. Fall, mir; 4. Fall, mich**
10. Der Lehrer fragte de**n** Schüler nach der Hausübung. **4. Fall, mich**

65

Wortart	Nomen	Wortart	Nomen
verloben (Verb)	Verlob**ung**	gesund (Adj.)	Gesund**ung**, Gesund**heit**
langsam (Adj.)	Langsam**keit**	Leser (Nomen)	Leser**schaft**
korrekt (Adj.)	Korrekt**heit**, Korrek**tur**	übertreten (Verb)	Übertret**ung**
prüfen (Verb)	Prüf**ung**, Prüf**ling**	gültig (Adj.)	Gültig**keit**
wirken (Verb)	Wirk**ung**	heil (Adj.)	Heil**ung**, Heil**igkeit**, Heilig**tum**
tätig (Adj.)	Tätig**keit**	beerdigen (Verb)	Beerdig**ung**
Pate(n) (Nomen)	Paten**schaft**	König (Nomen)	König**tum**
frisieren (Verb)	Fris**ur**	zeugen (Verb)	Zeug**ung**, Zeug**nis**
fremd (Adj.)	Fremd**heit**, Fremd**ling**	Arbeiter (Nomen)	Arbeiter**schaft**
neu (Adj.)	Neu**igkeit**, Neu**heit** Neu**ling**	wandern (Verb)	Wander**ung**, Wander**schaft**

66

ertragen, das Ertragen, zum besseren Ertragen, sein (geduldiges) Ertragen
aufbauen, das Aufbauen, zum schnelleren Aufbauen, dein (geplantes) Aufbauen
trinken, das (hastige) Trinken, beim Trinken, sein (vieles) Trinken
rechnen, das (schnelle) Rechnen, zum Rechnen, dein (kompliziertes) Rechnen
kochen, das (tägliche) Kochen, beim Kochen, mein (aufwendiges) Kochen
demonstrieren, das Demonstrieren, zum (langen) Demonstrieren, sein Demonstrieren
sitzen, das (lange) Sitzen, im Sitzen, ihr (langes) Sitzen
umstellen, das Umstellen, zum Umstellen, sein (schnelles) Umstellen

---

67

manches Vertraut**e**, manch Vertraut**es**
etwas Unangenehm**es**
nichts Essbar**es**
wenig Verwendbar**es**
alles Rein**e**
vieles Unverständlich**e**, viel Unverständlich**es**
einiges Verdorben**e**

68

Als meine Eltern vor einiger Zeit aus beruflichen Gründen verreisen mussten, erklärte sich die Schwester meines Vaters, Tante Frieda, sofort bereit, auf mich und meine Schwester aufzupassen.

Meine achtjährige Schwester Lisa freute sich über die willkommene Abwechslung. Mir blieb auch nichts **a**nderes (anderes = Pronomen) übrig, als mich „zu freuen", denn meine Eltern „erpressten" mich mit dem Versprechen, mir die neue „Playstation" zu schenken.

Der erste Tag mit Tante Frieda brachte nichts Schlimmes. Sie ließ mich in Ruhe fernsehen und am Computer spielen. Nur manchmal fragte sie, wo sie irgendwelche Haushaltsgeräte, die sie zum Putzen und Reinigen des Hauses benötigte, finden könnte.

Am zweiten Tag hatte sie ihre Putz- und Aufräumwut schon bis in mein Zimmer getrieben. Beim Einsammeln meiner Kleidungsstücke vom Fußboden stöhnte sie kaum, beim Stapeln meiner Zeitschriften und Schulsachen zeigte sie große Geschicklichkeit und auch das stundenlange Lüften meines Zimmers bis zu Minusgraden machte ihr kaum zu schaffen. „Tante Frieda meint es nur gut mit mir, denn sie ist die Liebenswürdigkeit in Person!", beruhigte ich mich selbst und versuchte an die neue „Playstation" zu denken.

Als in meinem Zimmer nun alles Unordentliche nach Tante Friedas Ordnungssinn geordnet war, hoffte ich, das Ärgste überstanden zu haben.

„Ich muss nur mehr einen Tag aushalten! Das Kommen der Eltern ist nahe!", dachte ich. Doch es sollte noch schlimmer kommen, denn am dritten Tag von Tante Friedas Aufenthalt geschah etwas Schreckliches.

---

69 der Zug, der Bezug, der Aufzug, die Nähe, die Annäherung, die Ankunft, der Lauf (z. B. der Wettlauf, der Gewehrlauf), der Anlauf, der Verlauf, der Gesang, die Tat, der Täter

---

70

Fall (Kasus)	Frage	Singular (Einzahl)	Plural (Mehrzahl)
1. Fall	**Wer oder was?**	**der** Stamm	**die** Stämme
2. Fall	**Wessen?**	**des** Stammes	**der** Stämme
3. Fall	**Wem?**	**dem** Stamm	**den** Stämmen
4. Fall	**Wen oder was?**	**den** Stamm	**die** Stämme (**stark**)
1. Fall	**Wer oder was?**	**die** Blume	**die** Blumen
2. Fall	**Wessen?**	**der** Blume	**der** Blumen
3. Fall	**Wem?**	**der** Blume	**den** Blumen
4. Fall	**Wen oder was?**	**die** Blume	**die** Blumen (**stark**)
1. Fall	**Wer oder was?**	**das** Kraut	**die** Kräuter
2. Fall	**Wessen?**	**des** Krautes	**der** Kräuter
3. Fall	**Wem?**	**dem** Kraut	**den** Kräutern
4. Fall	**Wen oder was?**	**das** Kraut	**die** Kräuter (**stark**)

71

1. Wen oder was? 4. Fall
2. Wem? 3. Fall; Wen oder was? 4. Fall
3. Wem? 3. Fall; Wen oder was? 4. Fall
4. Wen oder was? 4. Fall
5. Wem? 3. Fall; Wer oder was? 1. Fall; Wen oder was? 4. Fall
6. Wer oder was? 1. Fall; Wem? 3. Fall; Wen oder was? 4. Fall
7. Wem? 3. Fall; Wer oder was? 1. Fall
8. Wem? 3. Fall; Wen oder was? 4. Fall
9. Wer oder was? 1. Fall; Wen oder was? 4. Fall
10. Wem? 3. Fall; Wen oder was? 4. Fall

72 Am dritten <u>Tag</u> von <u>Tante Friedas Aufenthalt</u> geschah, wie schon erwähnt, **etwas** wirklich <u>Schreckliches</u>.

Als ich genervt von der <u>Schule</u> nach <u>Hause</u> kam, hörte ich **das** <u>Rattern</u> der <u>Nähmaschine</u> aus der <u>Küche</u>.

„Gut, dass sie sich <u>Näharbeit</u> gefunden hat, so lässt sie meine <u>Sachen</u> wenigstens in <u>Ruhe</u>!", dachte ich beruhigt.

Beim <u>Näherkommen</u> sah ich, dass <u>Frieda</u> heftig mit einer <u>Jeanshose</u> kämpfte, mit meiner <u>Jeanshose</u>.

<u>Stofffransen</u> lagen am <u>Boden</u>, ein <u>Hosenbein</u> wurde gerade geendelt. Ich war den <u>Tränen</u> nahe. Diese <u>Frau</u> zerstörte gerade das <u>Werk</u> eines ganzen <u>Jahres</u>. So lange hatte es nämlich gedauert, bis meine <u>Skaterhose</u> so cool aussah, wie ich sie am <u>Morgen</u> verlassen hatte.

Strahlend vor <u>Freude</u> berichtete mir <u>Tante Frieda</u>: „Ich habe diese viel zu lange, ausgefranste <u>Hose</u> gekürzt und geflickt. Ich bin sofort fertig! Sie liegt gleich **zum** <u>Anziehen</u> bereit!"

Lächelnd erwartete sie <u>Dank</u> und <u>Anerkennung</u>, doch ich taumelte wortlos in mein <u>Zimmer</u>. Ich hätte nie gedacht, dass ich mich über **das** <u>Heimkommen</u> meiner <u>Eltern</u> so freuen würde. Ich freute mich natürlich auch über die versprochene „<u>Playstation</u>", aber sie half mir nicht über die <u>Zerstörung</u> meiner <u>Lieblingshose</u> hinweg.

73 Änderungen wurden fett geschrieben, höfliche Anrede zusätzlich noch unterstrichen.

Sehr geehrte Zeitung!

Seien <u>Sie</u> so gut und bring**en <u>Sie</u>** das, was hier steht, in **<u>Ihrer</u>** nächsten Ausgabe. Ich möchte einmal dagegen protestieren, was man mit meinen Schwestern, den Hühnern, aufführt. Die werden in den Legefabriken, in den „Legebatterien", in winzig kleine Käfigboxen gesperrt, können sich kaum rühren, dürfen nicht im Freien herumlaufen, sehen ihr Lebtag keine Sonne und kein Gras und keine Bäume und überhaupt nichts. Nur Eier legen müssen sie, fressen und Eier legen, ihr ganzes kurzes Leben lang. Ist das etwa in Ordnung? So etwas dürf**en <u>Sie</u>** (Menschen) nicht mit uns machen! **<u>Sie</u>** könn**en** ja ruhig unsere Eier haben, wenn sie **<u>Ihnen</u>** schmecken, aber **<u>Sie</u>** soll**en** uns schon ein wenig besser behandeln. Das, was **<u>Sie</u>** hier mach**en**, ist Tierquälerei! Schäm**en <u>Sie</u> sich!** Außerdem **sind <u>Sie</u> sich** anscheinend nicht im Klaren darüber, dass die Eier der Hühner aus den Batteriekäfigen viel schlechter sind als die Eier der freien Hühner. Nicht nur, dass **<u>Sie</u>** kein Herz hab**en**, **<u>Sie</u> haben** auch keinen Geschmack mehr. Sehr traurig! Das wollte ich **<u>Ihnen</u>** einmal gesagt haben.

Hochachtungsvoll
Henne Hanna

74 2. Die Zuseher haben **ihre** Meinung geäußert.
3. Auch du musst **deine** Pflicht erfüllen!
4. Der Vater weist **sein** Kind an der Hand.
5. Sie konnte sich an **ihre** Zusage nicht mehr erinnern.
6. Wir werden **unseren** gemeinsamen Urlaub nie vergessen.
7. Er hat schon wieder **seinen** Schirm vergessen.
8. Ihr habt **euer** Auto falsch geparkt.
9. Sie hat **ihren** Ausweis verloren.
10. Die Wähler haben **ihre** Stimmen abgegeben.
11. Sehr geehrte Damen und Herren, Sie haben jetzt Gelegenheit, **Ihre** Anfragen an die Frau Bürgermeisterin zu richten.

75
1. <u>Solche</u> Schuhe habe ich in Braun.
2. <u>Diese</u> Sendung über Wale habe ich schon einmal gesehen.
3. <u>Derselbe</u> Mann war bereits Gast in einer anderen Talkshow.
4. <u>Diejenigen</u>, die eine Bestätigung haben, dürfen früher nach Hause gehen.
5. Er hatte <u>dieselbe</u> Geschichte schon einmal erzählt.
6. Setze dich doch auf <u>diesen</u> freien Sitzplatz!
7. <u>Das</u> ist doch die Höhe!

76
1. Das ist nicht die Schülerin, **die/welche** ich gestern hier gesehen habe.
2. Ich verstand die Frage nicht, **die/welche** mir meine Physiklehrerin gestellt hatte.
3. Er ist ein Mensch, auf **den (welchen)** du zählen kannst.
4. Nimm doch die neue Kreide, **die/welche** ich dir dort hingelegt habe.
5. Wir müssen auch auf die Rücksicht nehmen, **die/welche** langsam sind.
6. Die Schuhe, **die/welche** ich mir wünsche, sind zu teuer.
7. Der Hund, von **dem/welchem** du gebissen wurdest, wurde gefunden.

77
1. Sehr <u>wenige</u> Lehrer geben <u>viel</u> Hausübung. **Z, Z**
2. Gibt es <u>etwas</u> Neues? **Z**
3. Ist <u>jemand</u> zu Hause? **IP**
4. Bleibst du noch <u>einige</u> Minuten da? **Z**
5. <u>Man</u> konnte ihr <u>viel</u> Erfreuliches berichten. **IP, Z**
6. Er konnte <u>nichts</u> mehr sehen! **IP**
7. Ich habe <u>nichts</u> Trockenes mehr zum Anziehen. **Z**
8. Es wird wahrscheinlich <u>niemand</u> da sein. **IP**

78
1. Gestern gingen **e**inige aus unserer Klasse eislaufen.
2. Die **m**eisten Kinder konnten es schon recht gut.
3. Ich bin leider ein **p**aarmal hingefallen.
4. Da in den **l**etzten Tagen Tauwetter war, war über dem Eis **e**twas Wasser.
5. Mein Schianzug war schon **e**twas **n**ass geworden.
6. Leider hatte ich **n**ichts **T**rockenes zum Umziehen mit.
7. So musste ich **m**ehrere Stunden in nasser Kleidung verbringen.
8. Am nächsten Tag machte ich schon ein **p**aarmal husten.
9. Seit **e**inigen **S**tunden liege ich im Bett.
10. Ich hatte bald **a**lles **v**erschwitzt.
11. Meine Schulfreunde wünschten mir **a**lles **G**ute und baldige Genesung.

---

79 Subjekt = fett gedruckt, RP = unterstrichen
1. **Er** sollte <u>sich</u> lieber hinlegen.
2. Kümmerst **du** <u>dich</u> um die jungen Katzen?
3. **Wir** haben <u>uns</u> selbst die Haare geschnitten.
4. Habt **ihr** <u>euch</u> das wirklich getraut?
5. Gegen diese Ungerechtigkeit muss **ich** <u>mich</u> wirklich wehren!
6. **Harald** hat <u>sich</u> bis jetzt nicht gemeldet.
7. **Ich** möchte <u>mich</u> nicht wieder verspäten.
8. **Ihr** habt <u>euch</u> viel vorgenommen.
9. **Sie** haben <u>sich</u> im Einkaufszentrum verlaufen.
10. **Die Katze und der Hund** vertragen <u>sich</u> nicht.

80
1. Mit deinen Worten hast du <u>mich</u> sehr verletzt. **PP**
2. Die Krankenschwester bemüht <u>sich</u> sehr um den Patienten. **RP**
3. Ich erkläre es <u>euch</u> noch einmal. **PP**
4. Du wirst <u>dich</u> verletzen! **RP**
5. Warum glaubst du <u>ihm</u> nicht? **PP**
6. Sie hat <u>sich</u> nicht getraut. **RP**
7. So viel Geld habe ich nicht bei <u>mir</u>. **PP**
8. Er putzt <u>sich</u> dreimal täglich die Zähne. **RP**
9. Der Vater putzt <u>ihm</u> die Schuhe. **PP**
10. Gib <u>mir</u> bitte eine Antwort! **PP**
11. Ich schade <u>mir</u> ja nur selbst damit. **RP**

81
2. <u>Du</u> musst <u>diesen</u> Beamten unbedingt erreichen. **V, B – PP, DP**
3. Kannst <u>du</u> <u>das</u> beweisen? **V, V – PP, DP**
4. <u>Er</u> hat <u>sich</u> sehr schwer verletzt. **V, V – PP, RP**
5. <u>Jemand</u> steht vor <u>deiner</u> Tür. **V, B – IP, PoP**
6. Gibst <u>du</u> <u>mir</u> <u>deine</u> neue Telefonnummer? **V, V, B – PP, PP, PoP**
7. <u>Ich</u> trage <u>seine</u> alten Sachen. **V, B – PP, PoP**
8. <u>Diese</u> Übung war leicht. **B – DP**

82 Neulich sollte <u>ich</u> (PP) für <u>meine</u> (PoP) Mutter schnell einkaufen fahren. <u>Sie</u> (PP) hatte den Topfen für <u>mein</u> (PoP) Lieblingsgericht, Topfenknödel, vergessen.
<u>Ich</u> (PP) wollte mit <u>meinem</u> (PoP) Fahrrad zum Supermarkt fahren. Als <u>ich</u> (PP) den platten Reifen sah, wusste <u>ich</u> (PP), dass <u>ich</u> (PP) <u>mir</u> (ReP) schnell etwas Neues einfallen lassen müsste. <u>Es</u> (PP) war nicht einfach, <u>mir</u> (PP) von <u>meinem</u> (PoP) Bruder <u>jenen</u> (DP) neuen Scooter auszuborgen, <u>den</u> (RP) <u>er</u> (PP) zum Geburtstag bekommen hatte. <u>Ich</u> (PP) musste hoch und heilig versprechen, auf <u>seinen</u> (PoP) Scooter, <u>den</u> (RP) <u>er</u> (PP) erst seit einigen Tagen besaß, wie auf <u>meinen</u> (PoP) Augapfel aufzupassen.
Auf dem Parkplatz des Einkaufzentrums stürzte <u>ich</u> (PP), als <u>ich</u> (PP) einem stehen gelassenen Einkaufswagen ausweichen musste. Dem Scooter war <u>nichts</u> (IP) passiert, aber dafür <u>meinem</u> (PoP) Knöchel. Aus dem Turnschuh blutete <u>es</u> (PP), sodass <u>ich</u> (PP) mit <u>meinem</u> (PoP) Taschentuch <u>diesen</u> (DP) verletzten Knöchel verbinden musste.
Langsam fuhr <u>ich</u> (PP) nach Hause und litt still vor <u>mich</u> (ReP) hin, obwohl <u>mein</u> (PoP) Fußgelenk ziemlich stark schmerzte.
<u>Meinem</u> (PoP) Bruder, <u>der</u> (RP) schon sehnsüchtig auf <u>sein</u> (PoP) Gefährt wartete, sagte <u>ich</u> (PP) <u>nichts</u> (IP) von <u>meinem</u> (PoP) Missgeschick. <u>Er</u> (PP) hätte <u>mir</u> (PP) sonst den Scooter nie mehr geborgt.
Nur <u>meine</u> (PoP) Mutter ahnte <u>etwas</u> (IP), als <u>sie</u> (PP) die aufgeplatzen Topfenpackungen auf <u>unserem</u> (PoP) Küchentisch fand.
<u>Ich</u> (PP) muss auch zugeben: <u>Dieses</u> (DP) Mal konnte <u>ich</u> (PP) <u>meine</u> (PoP) Topfenknödel nicht so richtig genießen.

83
2. In dem <u>großen</u> Garten wachsen <u>alte</u> Obstbäume. **schwach, stark**
3. Fred musste sich <u>neue</u> Fußballschuhe kaufen. **stark**
4. Mit <u>großer</u> Freude verkündeten sie die <u>gute</u> Nachricht. **stark, schwach**
5. Veronika zeigte mir ihre (die) <u>vielen</u> Zeitungsausschnitte. **schwach**
6. Ich schwimme gerne in diesem <u>warmen</u> Thermalwasser. **schwach**
7. Gießt du mir bitte <u>warmes</u> Wasser in das <u>kleine</u> Becken? **stark, schwach**
8. Der <u>neue</u> Fahrradschlauch hatte <u>winzig kleine</u> Löcher. **schwach, stark**

9. Gerda möchte bei <u>schlechtem</u> Wetter lieber zu Hause bleiben. **stark**
10. Stefan will aber bei diesem <u>schlechten</u> Wetter spazieren gehen. **schwach**
11. Unser junger Hund vergräbt die <u>alten</u> Suppenknochen im Garten. **schwach**
12. Ferdinand läuft mit seinen <u>schmutzigen</u> Schuhen über den <u>weißen</u> Teppich. **schwach, schwach**

84

tragen – **tragbar**	fälschen – **fälschlich**
wackeln – **wackelig**	Bart – **bärtig**
Furcht – **furchtsam, fürchterlich, furchtbar**	Feind – **feindlich**
Freund – **freundlich**	Leser – **leserlich, lesbar**
Arzt – **ärztlich**	Telefon – **telefonisch**
kleiden – **kleidsam**	Nahrung – **nahrhaft**

85

1. Geben Sie mir ein Dutzend <u>Eier</u>, aber bitte nur **braune**!
2. Er isst gerne <u>Schokolade</u>, besonders die **weiße**.
3. Sie trägt gerne <u>Hosen</u>, aber nur **enge**.
4. Er sammelt <u>Briefmarken</u>, vor allem **ausländische**.
5. Erika liebt <u>Autos</u>, besonders die **schnellen**.
6. Gib mir bitte ein paar <u>Zwetschken</u>, aber nur **weiche**!
7. Günter interessiert sich für <u>Kunst</u>, besonders für die **moderne**.
8. Vor dem Gewitter fürchteten sich die <u>Kinder</u>, besonders die **kleinen**.

86

Positiv/Grundstufe	Komparativ/Mehrstufe	Superlativ/Meiststufe
leicht	leichter	(am) leichtesten
heiß	heißer	(am) heißesten
viel	mehr	(am) meisten
schmutzig	schmutziger	(am) schmutzigsten
kalt	kälter	(am) kältesten
gut	besser	(am) besten
jung	jünger	(am) jüngsten
hoch	höher	(am) höchsten
tot	–	–
leer	–	–

87

1. Mein <u>bester</u> Freund schenkte mir das <u>neueste</u> Computerspiel. **at, at**
2. Bitte ziehe dir deine <u>schmutzigen</u> Schuhe im Vorraum aus! **at**
3. Er ist <u>freundlich</u>. **pr**
4. Sie grüßte mich sehr <u>freundlich</u>. **ad**
5. Hast du schon den <u>neuesten</u> Zeichentrickfilm im Kino gesehen? **at**
6. Ich bin <u>gut</u> im Kopfrechnen. **pr**
7. Er tanzt <u>hervorragend</u> Walzer. **ad**
8. Sie kocht die <u>besten</u> Spaghetti. **at**

88

Infinitiv	1. Partizip als Adjektiv	2. Partizip als Adjektiv
verblühen	verblühende Rosen	verblühte Rosen
malen	ein malender Künstler	ein gemaltes Bild
verschwinden	verschwindendes Licht	eine verschwundene Insel
schreiben	ein schreibendes Kind	ein geschriebener Brief
kochen	kochendes Wasser	ein gekochtes Ei
quietschen	quietschende Keilriemen	gequietschte Laute
schleudern	eine schleudernde Waschmaschine	geschleuderte Wäsche
wechseln	wechselndes Wetter	gewechseltes Geld

89

1. Er wünschte mir alles **L**iebe und **G**ute zum Geburtstag.
2. Kurt erwartete ein **g**roßes Paket.
3. Warum kommen die **a**nderen nicht mit?
4. Wir hatten alles **v**erloren.
5. Das **B**este hatte er für den Schluss aufgehoben.
6. Wir wollten ihm nichts **B**öses antun.
7. Er hatte selbst nicht **v**iel zu tragen.
8. Florian hatte etwas **E**ssbares dabei.
9. Das **G**rüne auf dem Käse ist Schimmel.
10. Er trägt ein **r**osa Sakko.
11. Endlich durften auch die **b**eiden gehen.
12. Auf dieser Insel gibt es wenig **G**rünes.
13. Die **a**lte Kuh gibt nicht **g**enug Milch.
14. Er teilte das **W**enige, das er hatte, mit **a**llen **a**nderen.
15. Am **b**esten (Steigerungsform) ist, du gibst gleich **a**lles zu.

90 + 91

Adjektive und als Adjektive verwendete Wörter sind unterstrichen, nominal gebrauchte Adjektive und Partizipien (+ Begleiter) sind fett gedruckt.

Jedes kleine (at) Kind kennt heute die Kartoffel, aber das war nicht immer so.
Vor langer, langer (at) Zeit reiste ein Engländer nach Amerika und lernte dort diese nahrhafte (at) Knolle kennen. Sie wurde von den Einwohnern Amerikas gern (= Adverb) gegessen, und sie schmeckte ihnen auch sehr gut (ad).
So dachte **der Reisende**, dass auch für seine Landsleute zu Hause diese schmackhafte (at) „Erdfrucht" ein wichtiges (at) Nahrungsmittel werden könnte.
Er schickte einige braune (at) Knollen seinem besten (at) Freund nach England und bat ihn herzlich (ad), diese neuartige Frucht in seinem großen (at) Garten anzubauen.
Der Beschenkte legte die kleinen (at) Knollen in die schwarze (at) Erde, und – siehe da – sie trieben grobe (at) Stängel. Bald darauf zeigten sich dunkelgrüne (at) Blätter und weiße, schöne (at) Blüten. Aus diesen zarten (at) Blumen entstanden kugelrunde, giftgrüne (at) Perlen.
Der Engländer meinte, das seien die umjubelten (at) Früchte, und ließ sie vorsichtig (ad) einsammeln.
Er lud einige wichtige (at) und angesehene (at) Herrn Englands ein und ließ die neue (at) Spezialität kochen und servieren. **Das Gekochte** schmeckte jedoch abscheulich (ad), auch nachdem es mit süßem (at) Honig und etwas Zimt bestreut worden war.
Den hohen (at) Herrn war vom Verzehr der vermeintlichen (at) Kartoffeln schlecht (pr) geworden, und auch der Magen drückte sie heftig (ad). Zornig (ad) ließ **der Enttäuschte** die Kartoffelstauden ausreißen und ins Feuer werfen.

Sein Gärtner war aber <u>neugierig</u> (pr) und zertrat eine <u>gebratene</u> (at) Knolle, die noch an den Wurzeln der Staude hing. Sie duftete <u>herrlich</u> (ad), und so kostete sie der Mann und fand sie sehr <u>wohlschmeckend</u> (ad).

Er berichtete <u>eilig</u> (ad) seinem Herrn von dieser <u>erstaunlichen</u> (at) Entdeckung, und dieser überzeugte sich selbst von **dem Erfreulichen**.

Von nun an wurden die „Erdknollen" <u>berühmt</u> (pr). Bald pflanzten nicht nur <u>reiche</u> (at) Leute die <u>nahrhafte</u> (at) Knolle in ihrem Garten an, sondern auch <u>arme</u> (at) (Leute) ernteten die Erdäpfel auf ihren Feldern.

Heute ist die Kartoffel <u>weltweit</u> (ad) verbreitet und wird in <u>zahllosen</u> (at) Variationen serviert. Welche Kartoffelspeise schmeckt dir am <u>besten</u> (ad)?

---

92 schön – Adjektiv; schöner – am schönsten

links – Adverb

oben – Adverb

brav – Adjektiv; braver – am bravsten

sehr – Adverb

anfangs – Adverb

draußen – Adverb

schnell – Adjektiv; schneller – am schnellsten

blindlings – Adverb

stark – Adjektiv; stärker – am stärksten

93
1. Wenn wir den Alarm hören, müssen wir sofort **hinaus**.
2. Die Landschaft sah von **oben** wie ein Spielzeugland aus.
3. Der Platz ist gut gelegen. Wir werden **hier** übernachten.
4. Er ist schon **weg**. Um fünf Uhr hat er das Büro verlassen.
5. Leonie hat sich **nirgends** so wohlgefühlt wie bei dir.
6. **Irgendwo** habe ich meine Brille liegen lassen.

94
1. Das Flugzeug versuchte <u>hier</u> eine Notlandung.
2. <u>Morgens</u> trinke ich immer Tee.
3. <u>Gern</u> würde ich dich zum Essen einladen.
4. <u>Anfangs</u> hatte ich große Bedenken.
5. <u>Deshalb</u> wollte er <u>dorthin</u> nicht mitkommen.
6. <u>Nun</u> beeile dich!
7. Die Füllfeder habe ich <u>hierher</u> gelegt.
8. Die Nachhilfestunde findet <u>früher</u> statt.
9. Sie war <u>ziemlich</u> verärgert.
10. Bei diesem Wetter müssen wir <u>drinnen</u> spielen.
11. Er hat <u>irgendwo</u> sein Handy liegen gelassen.
12. <u>Manchmal</u> reißt mir die Geduld!
13. <u>Neulich</u> war ich mit ihr <u>dort</u> einkaufen.
14. Es ist <u>nie</u> zu spät, um mit dem Lernen zu beginnen.
15. Er fühlt sich <u>sehr</u> wohl.

Adverbien des Ortes: hier, dorthin, hierher, drinnen, irgendwo, dort
Adverbien der Zeit: morgens, anfangs, nun, früher, manchmal, neulich, nie
Adverbien der Art und Weise: gern, ziemlich, sehr
Adverbien des Grundes: deshalb

95
1. Nach der Schule gehe ich <u>heute</u> zum Reitunterricht. **Wann? Temporaladverb**
2. Das hätte ich <u>beinahe</u> vergessen. **Wie? Modaladverb**
3. Ich würde <u>sehr gerne</u> für euch kochen. **Wie? Wie sehr? Modaladverb**
4. Er muss diese Zahnspange <u>immer</u> tragen. **Wann? Wie lange? Temporaladverb**
5. Sie korrigierte die Schularbeiten <u>außerordentlich</u> schnell. **Wie? Modaladverb**
6. Ich lief <u>ziemlich</u> schnell hinunter. **Wie? Modaladverb**
7. <u>Früher</u> mussten wir zu Fuß gehen. **Wann? Temporaladverb**
8. Er isst das <u>besonders gern</u>. **Wie? Wie sehr? Modaladverb**
9. <u>Hier</u> ist die letzte Tankstelle vor der Grenze. **Wo? Lokaladverb**
   <u>Darum</u> sollten wir hier tanken **Weshalb? Kausaladverb**
10. Ob wir ihn <u>jemals</u> wiedersehen? **Wann? Temporaladverb**

96
1. Nach dieser Straße müssen wir <u>links</u> abbiegen. **Adverb, Wo? Wohin?**
2. Sie hat sich ein <u>schnelles</u> Auto gekauft. **Adjektiv als Attribut, Welches? Was für ein?**
3. Wir schlafen <u>hier</u>. **Adverb, Wo?**
4. Von <u>dort</u> müsste er kommen. **Adverb, Von wo?**
5. Er möchte seinen <u>neuen</u> Pullover anziehen. **Adjektiv als Attribut, Welchen? Was für einen?**
6. Diese Jacke habe ich <u>neu</u> gekauft. **Adjektiv adverbiell gebraucht, Wie?**
7. Leider mussten wir <u>gestern</u> abreisen. **Adverb, Wann?**
8. Walter besitzt einen <u>großen</u> Garten. **Adjektiv als Attribut, Welcher? Was für ein?**
9. Das Klassentreffen findet <u>jährlich</u> statt. **Adverb, Wann?**
10. Im <u>neuen</u> Jahr zieht er <u>hier</u> aus. **Adjektiv als Attribut, Welches? Was für eines?; Adverb, Wo?**

97 da, oben, allerdings, oft, also, stündlich, gern, sehr, nachts, kürzlich, unten, vergeblich, deshalb

98
2. Sie wusste daher <u>ziemlich</u> genau Bescheid. **Modaladverb – adverbiell gebraucht**
3. Er trug eine <u>lange</u> Hose. **Adjektiv – attributiv gebraucht**
4. Am <u>frühen</u> Abend werden wir <u>dort</u> erscheinen.
   Temporaladverb – attributiv; Lokaladverb – adverbiell
5. <u>Außen</u> war das Buch voll mit Tinte. **Lokaladverb – adverbiell**
6. Ich komme <u>gleich</u> <u>dorthin</u>. **Temporal-, Lokaladverb – adverbiell**
7. Er war <u>kaum</u> eingeschlafen, läutete das Telefon. **Modaladverb – adverbiell**
8. An so einem <u>besonderen</u> Tag möchte ich dich nicht stören.
   Modaladverb – attributiv gebraucht
9. Zum <u>jetzigen</u> Zeitpunkt kann man gar nichts sagen.
   Temporaladverb – attributiv gebraucht
10. Wir verließen <u>trotzdem</u> unseren sicheren Platz. **Kausaladverb – adverbiell**

99 **Wer einmal lügt ...**

Ein junger Hirte machte sich <u>oft</u> einen Spaß daraus, seine Nachbarn zu ängstigen.
Er saß <u>täglich</u> vor seiner Hütte und hütete <u>dort</u> seine Schafe. <u>Bald</u> wurde ihm
langweilig und er schrie <u>deshalb</u>: „Helft mir! Ein Wolf greift an!"
Die Nachbarn eilten <u>sofort</u> herbei, um ihn zu helfen.
Er aber lachte <u>nur</u> über die <u>umsonst</u> Herbeigeeilten, denn es war kein Wolf zu
sehen. Dieser „Scherz" war ihm <u>mehrmals</u> gelungen. <u>Deswegen</u> ärgerten sich die
Dorfbewohner <u>sehr</u>.

<u>Bald</u> fiel wirklich ein Wolf in seine Herde ein und der Junge schrie: „Zu Hilfe, zu Hilfe, meine Brüder! Ein Wolf reißt meine Schafe! <u>Heute</u> lüge ich nicht, glaubt mir!"
Seine Nachbarn hörten seine Notrufe von <u>draußen</u>, <u>allerdings</u> blieben sie in ihren Hütten <u>drinnen</u>. Niemand glaubte ihm <u>noch</u> und <u>kurzerhand</u> riss der Wolf einen <u>sehr</u> großen Teil seiner Herde.

Adverbien des Ortes: dort, draußen, drinnen
Adverbien der Zeit: oft, täglich, bald, sofort, mehrmals, bald, heute
Adverbien der Art und Weise: nur, umsonst, sehr, allerdings, noch, kurzerhand, sehr
Adverbien des Grundes: deshalb, deswegen

100
1. In den Sommerferien besuche ich einen Sprachkurs **und** mache mit meinen Eltern anschließend einen Campingurlaub.
2. Mein Vater geht mit uns ins Kino **(,) oder** er fährt mit uns in den Prater.
3. Erich kommt morgen nicht, **aber** dafür besucht er uns nächste Woche.
4. **Während** ich telefonierte, brannte der Kuchen im Backrohr an.
5. Yusuf hat das Freifach „Kochen" gewählt, **weil** er Koch werden möchte.
6. **Als** wir gestern am Abend ankamen, waren alle Parkplätze besetzt.
7. Dorothea spielt sehr gut Geige, **obwohl** sie dieses Instrument erst seit zwei Jahren lernt.
8. Wir fuhren früher als geplant nach Hause, **denn** Hans hatte sich das Bein gebrochen.
9. **Während** wir mit dem Aufräumen beschäftigt waren, kochte er für uns das Abendessen.
10. Petra geht morgen zum Friseur **und** lässt sich die Haare färben.

101 **HS:** Personalform des Verbs steht an 2. Stelle.
GS: Personalform des Verbs steht an letzter Stelle.
1. Sie freuten sich, <u>als</u> er endlich kam. **unterordnend**
2. Helena möchte Tierpflegerin werden **(,)** <u>oder</u> sie möchte Tiermedizin studieren. **nebenordnend**
3. Anna gewann beim Redewettbewerb in Deutsch **(,)** <u>und</u> sie bekam auch das beste Zeugnis in unserer Klasse. **nebenordnend**
4. Fred schreibt immer die gleichen Sätze, <u>denn</u> ihm fällt nichts Neues ein. **nebenordnend**
5. Ich lerne Latein, <u>weil</u> ich später Medizin studieren möchte. **unterordnend**
6. Simon kauft sich ein neues Handy, <u>obwohl</u> er schon eines hat. **unterordnend**
7. <u>Da</u> Matthias jetzt neue Turnschuhe braucht, bekommt er sie schon vor seinem Geburtstag. **unterordnend**
8. Jörg fährt auf Schikurs mit, <u>oder</u> er bleibt zu Hause <u>und</u> besucht die Schule. **2 x nebenordnend**
9. Harald geht nach der dritten Stunde weg, <u>denn</u> er muss zum Zahnarzt. **nebenordnend**
10. Unsere ausländischen Freunde bleiben eine Woche **und** wollen sich Wien anschauen. **nebenordnend**

102
2. **Das** gehört nicht hierher. **Demonstrativpronomen**
3. Gehört **das** Besteck in diese Lade? **Artikel**
4. **Das** Treffen der Klassensprecher, **das** vom Schulsprecher einberufen wurde, findet schon heute statt. **Artikel; Relativpronomen**
5. Hast du **das** Läuten nicht gehört? **Artikel**

6. **Das** Abschreiben der Vokabeln hilft mir, **dass** ich sie mir besser merke.
   Artikel; Konjunktion
7. Ich finde **das** unerhört, **dass** sie sich **das** Seidentuch einfach mitnimmt!
   Demonstrativpronomen; Konjunktion; Artikel
8. Ich finde, **dass** ihr **das** Kleid, **das** sie gestern getragen hat, wirklich gut steht.
   Konjunktion; Artikel; Relativpronomen
9. Meinst du **das** wirklich? **Demonstrativpronomen**
10. **Das** ist **das** älteste Badehaus der Stadt, **das** schon von den Römern besucht wurde.
    Demonstrativpronomen; Artikel; Relativpronomen

103
1. Ich denke **an** dich. **4. Fall**
2. Der Bettler bittet **um** etwas Essbares. **4. Fall**
3. Die Tochter sorgt sich **um** den alten Vater. **4. Fall**
4. Sie sorgen **für** den kleinen Waisenknaben. **4. Fall**
5. Der kleine Daniel fürchtet sich **vor** dem Donner. **3. Fall**
6. Sie geht **mit** dem Hund spazieren. **3. Fall**
7. Diese Tücher riechen **nach** etwas Modrigem. **3. Fall**
8. Sie lehnt sich **gegen** den Türstock. **4. Fall**
9. Drago bäckt eine Torte **anstelle** eines Strudels. **2. Fall**
10. Der Tourist fragt uns **nach** dem schnellsten Weg **zum (zu dem)** Bahnhof. **3. Fall; 3. Fall**

104
1. Peter hat sich <u>beim</u> **Langlaufen** den Arm gebrochen.
2. Sie erledigt diese Arbeit <u>im</u> **Sitzen**.
3. <u>Beim</u> **Liegen** spüre ich keinen Schmerz.
4. Sie laufen <u>im</u> **Nassen**.
5. <u>Vom</u> **vielen Schreiben** schmerzt mich die Hand.
6. <u>Zum</u> **schnelleren Arbeiten** benötigt sie einen neuen Computer.
7. Werner isst immer <u>im</u> **Stehen**.
8. Ich fahre <u>zum</u> **billigsten** Supermarkt.
9. Amina verkauft das Moped <u>zum</u> **niedrigsten** Listenpreis.
10. <u>Vom</u> **vielen Gießen** sind die Blätter ganz gelb.

---

105 **Nomen:** die Fahrt, die Grube, das Zeug, die/das Zeugen, der Unsinn, das Gut, die Güte, der Gast, der/die Kunde, die Seide, der/das Band

Verb: (ihr) fahrt, absondern, grub, rannte, führt, führe (Konjunktiv II), zeugen, fiel, ging, gekommen, ist, seid, (er) band, borgen

Adjektiv: schnell, klein, jung, gut, kühn, besser, platt, sauber, wunderbar, alt, hell, höher, hoch, viel

Adverb: vorher, oben, hier, drinnen, vorne, so, sehr, immer, dort, unten

Präposition: zwischen, aus, vor, für, von, unter, nach, beim (bei dem), auf, seit, gegen, anstatt

Konjunktion: indem, ob, daher, aber, sondern, weil, dass, und, nachdem, als, oder, seit

---

106 Zeile 1: **Dass (K)** ich meine letzten Osterferien …
Zeile 3: … da **das (A)** Halbjahrszeugnis …
Zeile 4: … und **das (A)** sehenswerte London kennenlernen …
Zeile 7: Und so war **das (DP)** dann auch!
Zeile 8: Ich hatte **das (A)** Schlimmste erwartet …
Zeile 10: **Das (A)** Lernen am Vormittag …

Zeile 12:   … so, **dass** (K) er uns einen Witz erzählte.
Zeile 13:   … englischer Humor war nicht **das** (DP), was wir so…
Zeile 14:   … daher fiel **das** (A) Lachen oft aus.
Zeile 15:   … fanden wir **das** (DP) sehr witzig und brüllten …
Zeile 17:   **Das** (A) Leben in meiner Gastfamilie …
Zeile 18:   … Pastors, **das** (DP) ist ein englischer Pfarrer …
Zeile 20:   … liebenswürdig, **sodass** (K) ich kaum Heimweh hatte.
Zeile 22:   … Herz und zeigte mir **das** (DP) auch.
Zeile 24:   … Tablett, auf **das** (RP) sie …
Zeile 26:   Ich bedankte mich für **das** (A) Servierte …
Zeile 27:   … wollte, **dass** (K) ich den Tee …
Zeile 28:   „**Das** (DP) ist sehr gesund …
Zeile 29:   Sie versicherte mir stolz, **dass** (K) dieser Tee …
Zeile 30:   … traditionellen Rezept zubereitet sei, **das** (RP) in ihrer Familie …
Zeile 32:   … sofort, **dass** (K) **das** (A) Getränk nicht meine …
Zeile 34:   … Jugendlichen, die **das** (DP) schon trinken mussten.
Zeile 37:   … und ich nutzte **das** (DP) sofort aus …
Zeile 39:   … und Tee, weil mir **das** (DP) ja so gut schmeckte.
Zeile 41:   … rechnen, **dass** (K) sie **das** (A) freundliche Lob …
Zeile 44:   … nach ihrem Verschwinden **das** (A) Übrige der Tasse in die Vase.
Zeile 45:   … war **das** (A) Gefäß am dritten Tag voll, und so musste **das** (A) kleine …
Zeile 48:   **Das** (DP) störte mich weiters nicht …
Zeile 50:   … wenn sie **das** (A) Geheimnis der Gefäße …
Zeile 51:   Ich wollte mir **das** (DP) lieber nicht ausmalen.
Zeile 52:   … **dass** (K) es zu Pfingsten war …
Zeile 54:   … und Sachertorte, **das** (RP) ihnen …
Zeile 56:   Ich hoffe nur, **dass** (K) sie **das** (DP) wirklich ehrlich meinten …

107 „Wir (**PP**) <u>brechen</u> (**Verb**) jetzt (**Zeitadverb**) <u>auf</u>", sagte (**Verb**) ich (**PP**) zum (**Präp***) Bauern (**Nomen**). „Vielen, vielen (**2x Adj**) Dank (**Nomen**) für (**Präp**) deine (**PoP**) Hilfe (**Nomen**). Und (**K**) euch (**PP**), Sebastian (**Nomen**) und (**K**) Theresa (**Nomen**), danke (**Verb**) ich (**PP**) auch (**Modaladverb**) von (**Präp**) Herzen (**Nomen**)!"
Der (**A**) Bauer (**Nomen**) und (**K**) die (**A**) Kinder (**Nomen**) wünschten (**Verb**) mir (**PP**) viel (**Adj**) Glück (**Nomen**) und (**K**) machten (**Verb**) sich (**ReP**) auf (**Präp**) den (**A**) Heimweg (**Nomen**). Die (**A**) Hühner (**Nomen**) standen (**Verb**) um (**Präp**) mich (**PP**) herum (**Lokaladverb**) und (**K**) <u>sahen</u> (**Verb**) mich (**PP**) erwartungsvoll (**Adj**) <u>an</u>.
„Liebe (**Adj**) Schwestern (**Nomen**)", sagte (**Verb**) ich (**PP**), „wir (**PP**) müssen (**Modalverb**) nun (**Zeitadverb**) sehr (**Modaladverb**) weit (**Adj**) gehen (**Verb**). Ich (**PP**) weiß (**Verb**), dass (**K**) ihr (**PP**) das (**A**) Gehen (**Nomen**) nicht (**N**) gewohnt (**Verb**) seid (**Hilfsverb**) und (**K**) dass (**K**) es (**PP**) für (**Präp**) euch (**PP**) nicht (**N**) leicht (**Adj**) sein (**Hilfsverb**) wird (**Hilfsverb**). Aber (**K**) ihr (**PP**) müsst (**Modalverb**) durchhalten (**Verb**). Ihr (**PP**) müsst (**Modalverb**) durchhalten (**Verb**), sonst (**K**) war (**Hilfsverb**) alles (**Zahlwort**) umsonst (**Modaladverb**)!"
Die (**A**) Hühner (**Nomen**) nickten (**Verb**) eifrig (**Adj**) und (**K**) konnten (**Modalverb**) es (**PP**) kaum (**Modaladverb**) erwarten (**Verb**) loszugehen (**Verb**).
Ich (**PP**) <u>ließ</u> (**Verb**) sie (**PP**) eine (**unb. A**) Dreierreihe (**Nomen**) <u>bilden</u> (**Verb**) und (**K**) <u>schärfte</u> (**Verb**) ihnen (**PP**) <u>ein</u> möglichst (**Modalvadverb**) wenig (**Adj**) zu (**Präp**) gackern (**Verb**) und (**K**) auf (**Präp**) dem (**A**) Weg (**Nomen**) keinen (**IP**) Kot (**Nomen**) zu (**Präp**) hinterlassen (**Verb**), weil (**K**) man (**IP**) uns (**PP**) sonst (**Modaladverb**) schnell (**Adj**) finden (**Verb**) würde (**Hilfsverb im Konjunktiv II**).

Nun (**Zeitadverb**) setzte (**Verb**) ich (**PP**) mich (**ReP**) an (**Präp**) die (**A**) Spitze (**Nomen**) des (**A**) Zuges (**Nomen**) und (**K**) wir (**PP**) <u>maschierten los</u> (**Verb**). Zuerst (**Zeitadverb**) gingen (**Verb**) wir (**PP**) ein (**unb. A**) Stück (**Nomen**) durch (**Präp**) den (**A**) Wald (**Nomen**), dann (**K**) erreichten (**Verb**) wir (**PP**) den (**A**) Schotterweg (**Nomen**), der (**RP**) ins (**Präp**) Gebirge (**Nomen**) führte (**Verb**).
Zwischendurch (**Zeitadverb**) <u>flog</u> (**Verb**) ich (**PP**) immer wieder (**2x Zeitadverb**) die (**A**) einen (**best. Zahlwort**) Kilometer (**Nomen**) lange (**Adj**) Kolonne (**Nomen**) <u>zurück</u>, schaute (**Verb**), ob (**K**) alles (**IP**) in (**Präp**) Ordnung (**Nomen**) war (**Hilfsverb**), und (**K**) <u>sprach</u> (**Verb**) meinen (**PoP**) Schwestern (**Nomen**) Mut (**Nomen**) <u>zu</u>.
Es (**IP**) <u>fiel</u> (**Verb**) mir (**PP**) <u>auf</u>, dass (**K**) sie (**PP**) nun (**Zeitadverb**) viel (**Adj**) weniger (**Adj**) stotterten (**Verb**) als (**K**) im (**Präp***) Gefängnis (**Nomen**).
Anscheinend (**Modaladverb**) hatten (**Hilfsverb**) sie (**PP**) mit (**Präp**) der (**A**) Freiheit (**Nomen**) auch (**Modaladverb**) eine (**unb. A**) fast (**Modaladverb**) normale (**Adj**) Sprache (**Nomen**) erlangt (**Verb**). Ich (**PP**) freute (**Verb**) mich (**ReP**) sehr (**Modaladverb**).
Achtung: Die unterstrichene Verben zeigen eine Verbklammer an!

108
1. **Haben, sein, werden** sind **Hilfsverben**.
2. Dieser Satz steht im **Vorgangspassiv**.
3. **Dieser, diese, dieses** sind **Demonstrativpronomen**.
4. Eine Verbform ohne Personalendung bezeichnet man als **infinite Form**.
5. Artikel sind **Begleiter** des Nomens.
6. Das Geschlecht eines Nomens wird angezeigt durch **den Artikel**.
7. Schwache Beugung eines Nomens erkennst du **an der Endung des 2. Falles**.
8. **Und, auch, oder, aber, sondern, denn** sind **nebenordnende Konjunktionen**.
9. **Man, niemand, jeder, alle, beide, etwas** sind **Indefinitpronomen**.
10. Als Ersatzwort für den Dativ kannst du **mir** nehmen.

109

1. richtig	11. falsch
2. richtig	12. falsch
3. falsch	13. richtig
4. falsch	14. falsch
5. falsch	15. richtig
6. richtig	16. falsch
7. richtig	17. falsch
8. richtig	18. richtig
9. falsch	19. falsch
10. richtig	20. richtig

Richtigstellung:
3. Die **finite Form** des Verbs ist die **bestimmte Form** des Zeitworts.
4. **Meinen, scheinen, pflegen** sind **modifizierende Verben**.
5. Der **Konjunktiv** ist die **Möglichkeitsform**.
9. Der **Imperativ** ist die **Befehlsform**.
11. Die **Beugung des Nomens** nennt man **Deklination**.
12. Das **Adverb** nennt man auch **Umstandswort**.
14. **Unterordnende Konjunktionen** können **Gliedsatz** und **Hauptsatz** verbinden.
16. Das **Vorgangspassiv** wird mit **werden + 2. Partizip** gebildet.
17. Die **Abwandlung des Verbs** nennt man **Konjugation**.
19. Das **Partizip Präsens** (z. B. laufend) wird auch **1. Partizip** genannt.

110

1. Perfekt, Plusquamperfekt, Futur I und Futur II sind **zweiteilige** Zeitformen. Zur Bildung benötigst du ein **Hilfsverb** und ein **Vollverb**.
2. Konjunktiv I verwendest du für die **indirekte** Rede, Konjunktiv II, um scheinbar **Unmögliches** auszudrücken.
3. Unbestimmte Zahlwörter schreibst du immer **klein**, auch wenn ein Artikel davor steht.
4. Das Personalpronomen ist ein **Vertreter** für ein Nomen.
5. Das Possessivpronomen steht **vor** einem Nomen oder **statt** eines Nomens.
6. Adverbien machen nähere Angaben zu **Zeit, Grund, Ort, Art und Weise**.
7. Ein Relativpronomen bezieht sich meist auf ein **Nomen** des übergeordneten Satzes.
8. Man unterscheidet zwei Arten von Bindewörtern: **nebenordnende** und **unterordnende**.
9. Präsens und Präteritum sind **einteilige** Zeitformen. Sie werden mit einem **Vollverb** gebildet.
10. Ein Adjektiv erkennst du daran, dass es **gesteigert** werden kann.
11. Präpositionen stehen **vor** Nomen oder Pronomen.
12. Für die Konjunktion „dass" kannst du **kein** Ersatzwort einsetzen.
13. Das Wörtchen „das" kann ein Artikel, ein **Demonstrativpronomen** oder ein **Relativpronomen** sein.
14. Als Probe für den 3. Fall kannst du **mir** einsetzen, für den 4. Fall **mich**.

111

lateinische Bezeichnung	deutsche Bezeichnung
Indikativ	Wirklichkeitsform
Präsens	Gegenwart
Präteritum	Mitvergangenheit
Plusquamperfekt	Vorvergangenheit
Perfekt	Vergangenheit
Partizip	Mittelwort
Verb	Zeitwort
Dativ	3. Fall
Konjunktiv	Möglichkeitsform
Futur I	Zukunft
Hilfsverb	Hilfszeitwort
Adverb	Umstandswort
Infinitiv	Nennform
Adjektiv	Eigenschaftswort
Genitiv	2. Fall
Nominativ	1. Fall
Imperativ	Befehlsform
Numerale	Zahlwort
Possessivpronomen	besitzanzeigendes Fürwort
Relativpronomen	bezügliches Fürwort
Personalpronomen	persönliches Fürwort
Demonstrativpronomen	hinweisendes Fürwort
Indefinitpronomen	unbestimmtes Fürwort
Konjunktion	Bindewort
Präposition	Vorwort
Reflexivpronomen	rückbezügliches Fürwort
Nomen	Namenwort, Hauptwort
Akkusativ	4. Fall

112

Bogdan	ist	nach der Schule	zu seinem Freund	gegangen.
Bogdan	ist	zu seinem Freund	nach der Schule	gegangen.
Zu seinem Freund	ist	Bogdan	nach der Schule	gegangen.
Nach der Schule	ist	Bogdan	zu seinem Freund	gegangen.

113 + 115

Prädikat, **Subjekt**, * Reflexivpronomen gehört zum Prädikat

1. Hinter dem Kinderspielplatz <u>befindet sich</u>* **eine kleine Wiese.** (3)
2. Dort <u>haben</u> **wir** einander* öfters <u>getroffen</u>. (Hilfsverb + Verb) (5)
3. **Max, Jan, Lejla und ich** <u>spielen</u> auf dieser Wiese Fußball. (4)
4. Letztens <u>schauten</u> uns **vier türkisch sprechende Buben** <u>zu</u>. (Verb + Zusatz) (4)
5. **Wir** <u>verstanden</u> sofort ihre Absicht. (4)
6. **Sie** <u>wollten</u> gegen uns <u>spielen</u>. (Modalverb + Verb)(3)
7. Seit ein paar Wochen <u>treffen</u> **wir** einander* auf unserer Fußballwiese. (4)
8. **Es** <u>macht</u> allen großen Spaß.(4)
9. **Fußball** <u>ist</u> wirklich **eine „internationale Sprache"**. (Gleichsetzungsglied) (4)

114 + 116

Subjekt, <u>Prädikat</u>, * Reflexivpronomen gehört zum Prädikat

1. Demnächst <u>wird</u> **der neue Sportplatz** <u>eröffnet</u>. (3)
2. Auf diesem großen Gelände <u>wird</u> **es** auch einen Baseballplatz <u>geben</u>.(5)
3. **Mein Bruder und ich** <u>möchten</u> dort gerne <u>spielen</u>. (4)
4. **Wir** <u>interessieren uns</u>* für dieses Ballspiel seit unserem Amerikaaufenthalt. (4)
5. Im Internet <u>habe</u> **ich** die komplizierten Regeln <u>nachgelesen</u>. (4)
6. Die notwendige Ausrüstung <u>haben</u> uns **unsere Eltern** aus Amerika <u>mitgebracht</u>. (5)
7. Vielleicht <u>begeistern sich</u>* auch **andere** für diese Sportart.(5)
8. **Ich** <u>kann</u> das erste Training kaum <u>erwarten</u>. (4)

117

Subjekt: 1. Fall, Wer oder was?

1. Zu Schulbeginn haben **wir** <u>drei neue Schüler</u> (O4, Wen oder was?) in unsere Klasse bekommen.
2. **Unser Klassenvorstand** setzte <u>mich</u> (O4, Wen oder was?) neben eine neue Schülerin.
3. **Ich** sollte mich <u>ihrer</u> (O2, Wessen?) annehmen.
4. Anfangs war **ich** von dieser Idee gar nicht begeistert.
5. Lieber wollte **ich** neben meiner Nachbarin aus dem Vorjahr sitzen.
6. **Die Neue** trägt <u>verrückte Kleidung</u> (O4, Wen oder was?) und hat <u>kurze rote Haare</u> (O4, Wen oder was?).
7. **Sie** ist aber sehr nett und auch schlau.
8. Gestern erklärte **sie** <u>mir</u> (O3, Wem?) <u>eine schwierige Rechenaufgabe</u> (O4, Wen oder was?) und rühmte sich nicht <u>ihres Wissens</u> (O2, Wessen?).
9. Morgen wollen **wir** gemeinsam <u>Englischvokabeln</u> (O4, Wen oder was?) lernen.
10. **Wir** reden oft über Mode und Musik, und **sie** hat <u>einen guten Geschmack</u> (O4, Wen oder was?).
11. **Wir** entdecken <u>viele gemeinsame Interessen</u> (O4, Wen oder was?).
12. Vielleicht kann **sie** <u>mich</u> (O4, Wen oder was?) auch gut leiden, und **wir** werden <u>gute Freundinnen</u> (O1, Gleichsetzungsnominativ).

118
1. Ich habe von mein**em** Freund eine**n** kleine**n** Begleiter aus Plüsch geschenkt bekommen.
2. Robbi, so heißt das Plüschtier, hängt an mein**em** Rucksack.
3. Ich nehme de**n** kleine**n** Glücksbringer überallhin mit.
4. Wenn wir eine**n** Test schreiben, sitzt Robbi auf mein**em** Federpennal.
5. Wenn ich eine**n** Zahnarzttermin habe, wartet Robbi in mein**em** Hosensack.
6. Seit ich de**n** kleine**n** Begleiter habe, läuft alles wunderbar.
7. Letztens dachte ich schon, ich hätte ih**n** verloren.
8. Den ganzen Tag war ich in Sorge um mein**en** Liebling.
9. Gott sei Dank habe ich ih**n** am Abend unter de**m** Kopfpolster entdeckt.
10. Beim Abendessen durfte er vor mein**em** Teller sitzen.
11. Meine Mutter erklärte mi**r**, dass ich maßlos übertreibe.
12. Ich frage mi**ch**, was denn daran übertrieben sein soll.

119
1. Gerhards Vater war <u>Fernfahrer</u>.
2. Hatice wird <u>Volksschullehrerin</u>.
3. Stan Laurel und Oliver Hardy sind <u>berühmte Komiker</u> gewesen.
4. Das ist doch <u>eine Frechheit</u>.
5. Diese Raupen sind <u>eine Plage</u> im Garten.
6. Die Wikinger waren <u>gefürchtete Seefahrer</u>.
7. Was ist <u>ein Elfmeter</u>?
8. Sind alle Teilnehmer dieses Kurses <u>Schüler</u>?
9. Er war <u>der schnellste Läufer</u>.
10. Sie ist <u>unsere neue Religionslehrerin</u>.

120
1. Ernst schimpft ihn <u>einen Dummkopf</u>.
2. Er schimpft Ernst wiederum <u>einen Esel</u>.
3. Sie nennt ihren Freund <u>einen Romantiker</u>.
4. Man nennt das in der Fachsprache „Mobbing".
5. Der König hat ihn <u>einen Aufschneider</u> geheißen.

121
ZE: in der Früh, drei Stunden lang, eines Tages, nach der fünften Stunde, um acht, gerade noch rechtzeitig
AE: gewissenhaft, wie ein Elefant, ohne Durchlesen, sehr schnell, genau
OE: nach Osten, im Turnsaal, hinter der Scheune, im Schnee, nach Wagrain
BE: wegen der schlechten Sicht, um deinetwillen, aus Verzweiflung, wegen der Geschenke, vor Zorn

122
1. <u>Am Montag</u> (Wann? ZE) werden einige aus unserer Klasse eine gesunde Jause herrichten.
2. <u>In der Pausenhalle</u> (Wo? OE) werden Tische für dieses schmackhafte Buffet aufgestellt.
3. <u>Dort</u> (Wo? OE) werden Obst, Gemüse, Milchprodukte, Fruchtsäfte und frisches Vollkorngebäck angeboten.
4. Wir wollen die Schülerinnen und Schüler <u>gewissenhaft</u> (Wie? AE) über gesunde Ernährung informieren.
5. <u>Wegen der schlechten Ernährung</u> (Warum? BE) leiden viele Jugendliche an Über- oder Untergewicht.
6. Auch die Konzentrationsfähigkeit und die Merkfähigkeit werden <u>maßgeblich</u> (Wie? AE) durch die Ernährung beeinflusst.

7. Um zehn Uhr (Wann? ZE) treffen wir uns in der Schulküche (Wo? OE), denn in der großen Pause (Wann? ZE) muss alles sorgfältig (Wie? AE) hergerichtet sein.
8. Unsere Turnlehrerin und unsere Biologielehrerin helfen uns bei dieser Aktion.
9. Gerade noch rechtzeitig (Wann? ZE) sind die Informationsfolder fertig geworden.
10. Wir hoffen, dass wir an diesem Tag (Wann? ZE) viele Schüler mit unserer Botschaft erreichen können.

123
2. Ob ich auf Zeltlager mitfahren darf, hängt von meinem Zeugnis ab. (Ersatz: davon) Wovon? PO im 3. Fall (Von wem?)
3. Der Buslenker beschwerte sich über die ungezogenen Schüler. (Ersatz: darüber) Worüber? PO im 4. Fall (Über wen oder was?)
4. Jeden Tag denke ich an dich. (Ersatz: daran) Woran? PO im 4. Fall (An wen oder was?)
5. Die Umweltschutzgruppe in unserer Schule setzt sich auch für Tierschutz ein. (Ersatz: dafür) Wofür? PO im 4. Fall (Für wen od. was?)
6. Ivana leidet an starken Kopfschmerzen. (Ersatz: daran) Woran? PO im 3. Fall (An wem?)
7. Er hält sich nicht an die Schulordnung. (Ersatz: daran) Woran? PO im 4. Fall (An wen oder was?)
8. Ich hoffe auf eine leichte Schularbeit. (Ersatz: darauf) Worauf? PO im 4. Fall (Auf wen oder was?)
9. Unsere Klasse setzt sich für Mülltrennung in der Schule ein! (Ersatz: dafür) Wofür? PO im 4. Fall (Für wen oder was?)

124
1. Gestern (Wann? ZE) habe ich aus Zerstreutheit (Warum? BE) irgendwo (Wo? OE) meinen Rucksack verloren.
2. Nach der letzten Schulstunde (Wann? ZE) hatte ich ihn am Rücken (Wo? OE) und ging Richtung Schulhof (Wohin? OE).
3. Ich weiß genau (Wie? AE), dass mein Handy läutete und ich den Rucksack auf den Boden (Wohin? OE) in der Aula (Wo? OE) stellte.
4. Zu Hause (Wo? OE) bemerkte ich erst vor der Haustür (Wo? OE) , dass ich meinen Schlüssel nicht bei mir hatte.
5. Der Schlüssel war in meinem Rucksack (Wo? OE), und dieser war nicht auf meinem Rücken (Wo? OE).
6. Im (In dem) Erinnern (Worin? PO3) bin ich leider (Wie? AE) nicht gut.
7. Panisch (Wie? AE) lief ich zum Bahnhof (Wohin? OE) und fragte **nach** einem abgegebenen Rucksack (Wonach? PO3).
8. Der Beamte sagte, er könne mir **über** Fundsachen von heute (Worüber? PO4) erst morgen (Wann? ZE) Auskunft geben.
9. Traurig (Wie? AE) schlenderte ich zur Schule (Wohin? OE) und ärgerte mich **über** meine Dummheit (Worüber? PO4).
10. Ich wollte in unsere Klasse (Wohin? OE) laufen, da stolperte ich plötzlich (Wie? AE) **über** meinen Rucksack (Worüber? PO4).
11. Ich muss während des Telefongesprächs (Wann? ZE) gedankenlos (Wie? AE) weiter zum Ausgang (Wohin? OE) gegangen sein.
12. **Über** mein schlechtes Gedächtnis (Worüber? PO4) habe ich mich schon oft (Wann? ZE) geärgert.
13. Jetzt (Wann? ZE) freute ich mich **über** meinen wiedergefundenen Rucksack (Worüber? PO4) und stecke das Handy vorsichtshalber (Warum? BE) in die Hosentasche (Wohin? OE).

125 1. Ich verzichte **auf** deine Anwesenheit. **Worauf? PO4**
2. Vorsicht **vor** dem bissigen Hund! **Wovor? PO3**
3. Die Wespen fielen **über** uns her. **Über wen? PO4**
4. Wien liegt **an** der Donau. **Wo? OE**
5. Hier duftet es **nach** Lebkuchen. **Wonach? PO3**
6. Sie sorgt **für** uns wie eine Mutter. **Wofür? Für wen? PO4**
7. Dieses Gerät dient **zum** (**zu** dem) Polieren der Fußböden. **Wozu? PO3**
8. Er kommt wieder **um** vier. **Wann? ZE**
9. Ich entscheide mich **für** das zweite Thema. **Wofür? PO4**
10. Ich wohne **in** diesem Hochhaus. **Wo? OE**

---

126 Meine ältere Schwester Lisa steht <u>vor ihrem Kasten</u> (Wo? OE), nimmt <u>hektisch</u> (Wie? AE) <u>Kleidungsstücke</u> (Wen oder Was? O4) heraus und wirft <u>sie</u> (O4) <u>kopfschüttelnd</u> (Wie? AE) <u>auf ihr Bett</u> (Wohin? OE).

Möchte sie <u>in der Schule</u> (Wo? OE) <u>jemandem</u> (Wem? O3) <u>besonders gut</u> (Wie? AE) gefallen?

<u>Endlich</u> (Wann? ZE) hat sie <u>etwas Passendes</u> (Wen oder was? O4) gefunden. Sie geht <u>in Richtung Badezimmer</u> (Wohin? OE) und wird <u>dort</u> (Wo? OE) <u>für längere Zeit</u> (Wie lange? ZE) bleiben.

<u>Bald darauf</u> (Wann? ZE) wird mein Vater <u>heftig</u> (Wie? AE) <u>an die Badezimmertür</u> (Wo? OE) klopfen und <u>sie</u> (Wen oder was? O4) <u>ungeduldig</u> (Wie? AE) <u>mit seinen dringenden Terminen</u> (Womit? PO3) konfrontieren.

Mein kleiner Bruder Benjamin läuft <u>immer noch</u> (Wann? ZE) <u>im Pyjama</u> (Wie? AE) herum. Er wird <u>von meiner Mutter</u> (Von wem? PO3) verfolgt. Sie will <u>ihm</u> (Wem? O3) <u>beim Umziehen</u> (Wobei? PO3) helfen. Er kann sich nicht entscheiden.

<u>Am Montag</u> (Wann? ZE) ist <u>im Kindergarten</u> (Wo? OE) „Spielzeugtag", und jedes Kind darf <u>ein eigenes kleines Spielzeug</u> (Wen oder was? O4) mitbringen. Soll er <u>ein landwirtschaftliches Fahrzeug</u> (Wen oder was? O4) oder <u>einige Ritter</u> (Wen oder was? O4) <u>von seiner neuen Burg</u> (Woher? OE) mitnehmen?

Der Toaster qualmt, <u>gleichzeitig</u> (Wann? ZE) schlägt der Eierkocher <u>Alarm</u> (Wen oder was? O4). Meine Mutter wirkt <u>nervös</u> (Wie? AE). Was soll sie <u>alles</u> (Wen oder was? O4) <u>gleichzeitig</u> (Wann? ZE) machen? <u>Gleich</u> (Wann? ZE) wird sie zu schimpfen beginnen und <u>einige Verbote für den Nachmittag</u> (Wen oder was? O4) aussprechen.

Lisa wird <u>anschließend</u> (Wann? ZE) <u>mit Vater</u> (Mit wem? PO3) <u>eine „Grundsatzdiskussion"</u> (Wen oder was? O4) <u>über das Recht auf ihre morgendliche Toilette</u> (Worüber? PO4) führen.

Ich suche <u>gelassen</u> (Wie? AE) <u>meinen zweiten Turnschuh</u> (Wen oder was? O4), nehme <u>meinen Schulrucksack</u> (Wen oder was? O4) und freue mich <u>auf eine ruhige erste Stunde in der Schule</u> (Worauf? PO4).

„<u>Alles Gute</u> (Wen oder was? O4) <u>für die Schularbeit</u> (Wofür? PO4)!", höre ich <u>meine Mutter</u> (Wen oder was? O4) rufen.

Ja, <u>an manchen Tagen</u> (Wann? ZE) kann <u>selbst</u> (Wie? AE) das Schreiben einer Schularbeit angenehm sein.

127

Adjektiv:	die <u>neuen</u> Schuhe
1. Partizip, 2. Partizip:	ein <u>tropfender</u> Wasserhahn, <u>getrocknete</u> Früchte
Pronomen:	<u>ihr</u> Fehlen
Zahlwort:	die <u>beiden</u> Tage
Nomen im Genitiv:	die Füllfeder <u>des Nachbarn</u>
Nomen im Präpositionalfall:	Angst <u>vor der Prüfung</u>
Adverb:	der Platz <u>vorne</u>

128

2. Mirjana I schenkte I ihr I einen <u>großen</u> **Strauß** <u>roter Rosen</u>.
   (Adjektiv, Nomen im Genitiv)
3. Aziz I trägt I einen **Anzug** <u>aus reiner Wildseide</u>. (Nomen im Präpositionalfall)
4. Georgia I trinkt I nur I **Wein** <u>aus Südafrika</u> und <u>schottischen</u> **Whisky**.
   (Nomen im Präpositionalfall, Adjektiv)
5. Yasin I liebt I **Schokolade** <u>aus Belgien</u>. (Nomen im Präpositionalfall)
6. Er I kauft I nur I <u>italienischen</u> **Kaffee**, und I sie I mag I nur I **Käse** <u>aus der Schweiz</u>.
   (Adjektiv, Nomen im Präpositionalfall)
7. Jennifer I singt I ein <u>französisches</u> **Lied**. (Adjektiv)
8. Wir I hörten I plötzlich I das **Rauschen** <u>von Wasser</u>. (Nomen im Präpositionalfall)
9. Massud I verlor I die **Brosche** <u>aus Email</u> und <u>zwei</u> Silberringe.
   (Nomen im Präpositionalfall, Zahlwort)
10. Wir I lesen I gerade I eine <u>erheiternde</u> **Klassenlektüre**. (1. Partizip)

129

1. Erika möchte noch ein <u>großes</u> (Adjektiv) **Stück** <u>von der Topfentorte</u>
   (Nomen im Präp.).
2. Iris weiß nicht, was sie sich von dem <u>reichhaltigen</u> (Adjektiv) **Buffet** nehmen soll.
3. Thomas bestellt sich <u>gebackenes</u> (2. Partizip) **Gemüse**.
4. Robert nimmt <u>seinen</u> (Pronomen) **Teller** und geht nochmals zum Salatbuffet.
5. Simon gibt sich <u>drei</u> (Zahlwort) **Schöpfer** <u>von der Tomatensoße</u> (Nomen im Präp.)
   auf die Spagetti.
6. Yu-Chu liebt **Erdbeeren** <u>mit Schlagobers</u> (Nomen im Präp.).
7. Franziska kostet von der **Vorspeise** <u>der Sitznachbarin</u> (Nomen im Genitiv).
8. Sebastian stürzt sich auf die <u>duftenden</u> (1. Partizip) **Fleischbällchen**.
9. Hanna will <u>drei</u> (Zahlwort) **Palatschinken** <u>mit Marillenmarmelade</u>
   (Nomen im Präp.) essen.
10. Alle, die am **Tisch** <u>dort</u> (Adverb) sitzen, gehen mit mir in die <u>dritte</u> (Zahlwort)
    Klasse.

130

<u>Meine</u> Schwester ist sehr abergläubisch. Am <u>letzten</u> Dreizehnten stand sie schon mit einem <u>mulmigen</u> Gefühl auf und zählte uns <u>alle möglichen und unmöglichen</u> Unglücksfälle auf, die an <u>diesem</u> Freitag eintreten könnten.
Sie schüttete dann vor <u>lauter</u> Hektik <u>ihre</u> Teetasse aus und warf dabei das <u>brennende</u> Teelicht um. Dabei fing das Tischtuch <u>aus Leinen</u> Feuer. Beim <u>schnellen</u> Löschversuch zündete Bettina auch noch <u>ihre</u> Serviette <u>aus Papier</u> an. Meine <u>nicht abergläubische</u> Mutter konnte den <u>kleinen</u> Zimmerbrand gerade noch mit dem Inhalt <u>ihres Glases</u> löschen. Beim Holen <u>eines Tuches</u> stolperte Bettina über <u>ihren</u> Hausschuh und schlug sich das <u>rechte</u> Knie auf den <u>rauen</u> Küchenfliesen auf. Ich brachte ihr eine Packung <u>mit Wundpflaster</u>, doch beim Abschneiden <u>des Pflasters</u> stach sie sich mit der <u>spitzen</u> Nagelschere in die <u>linke</u> Hand und schrie laut auf. Ich brachte ihr das Fläschchen <u>mit Wundbenzin</u>, sie schüttete sich den <u>gesamten</u> Inhalt über <u>ihr</u> Nachthemd und auf <u>ihr</u>

aufgeschlagenes Knie. Die Wunde brannte höllisch, sie wimmerte vor Schmerz. Ich wollte sie beruhigen, doch sie lief weinend ins Bad. Von dorther hörten wir ein lautes Klirren und einen entsetzlichen Aufschrei Bettinas. Wir liefen schnell ins Badezimmer. Bettina stand vor einem zerbrochenen Spiegel und war bleich vor Schreck. „Sieben Jahre Pech!", murmelte sie.
Meine Mutter und ich blickten uns sorgenvoll an. Wir ahnten, was diese Voraussage bedeuteten würde.

---

131 Ein Rabe (S) hatte (P) ein Stück Käse (O4) gestohlen (zu P – Verbklammer) **und** (K) flog (P) mit diesem Leckerbissen (Womit? PO3) auf einen hohen Baum (Wohin? OE).
Das (O4) sah (P) ein Fuchs (S) **und** (K) stellte sich (P) unter den Baum (Wohin? OE). Er (S) sprach (P): „Mein Lebtag (Wann? ZE) habe (P) ich (S) keinen schöneren Vogel (O4) gesehen (zu P – Verbklammer). **Wenn** (K) du (S) auch (AE) eine schöne Stimme (O4) hättest (P), dann sollte (P) man (S) dich (O4) zum König der Vögel (Wozu? PO3) krönen (zu P – Verbklammer)." Der Rabe (S) fühlte sich (P) geschmeichelt (Wie? AE) **und** (K) fing (P) sofort (ZE) an (zu P – Verbklammer) zu singen (Infinitiv).
Sogleich (Wann? ZE) purzelte (P) das Stück Käse (S) aus seinem Schnabel (Wo heraus? OE) **und** (K) fiel (P) direkt (AE) in das Maul des Fuchses (Wohin? OE).
Der Fuchs (S) fraß (P) es (O4) **und** (K) lachte (P) über den törichten Raben (Worüber? PO4).
Hüte dich (P) deshalb (BE) vor Schmeichlern (Wovor? PO3)!

132
1. Gehst du mit ins Kino? **Entscheidungsfrage**
2. Warum kommst du jeden Tag zu spät zum Unterricht? **Ergänzungsfrage**
3. Ich habe mir ein neues Snowboard gekauft. **Aussagesatz**
4. Lassen Sie die Finger von meiner Torte! **Aufforderungssatz**
5. Wann fahrt ihr auf Schikurs? **Ergänzungsfrage**
6. Das will ich nicht! **Ausrufesatz**
7. Fährst du gut Schi? **Entscheidungsfrage**
8. Sie will unbedingt mit uns in einer Mannschaft sein. **Aussagesatz**
9. Komm schnell, der Lehrer ist schon da! **Aufforderungssatz, Aussagesatz**
10. Wie viel kostet dieses Handy? **Ergänzungsfrage**

133
1. Ich glaube, dass ich auf den Geografietest eine gute Note bekomme.
   | Gliedsatzklammer |
2. Kannst du feststellen, ob sie ein Handy besitzt?
   | Gliedsatzklammer |
3. Ich weiß nicht, ob das Geld dafür reicht.
   | Gliedsatzklammer |
4. Nachdem wir lange gewartet hatten, kamen wir endlich an die Reihe.
   | Gliedsatzklammer |
5. Da er Bauchweh hat, isst er kein Eis.
   | Gliedsatzklammer |
6. Kröten leben dort, wo es feucht und kühl ist.
   | Gliedsatzklammer |
7. Während wir im Bus saßen, schauten wir uns ein Video an.
   | Gliedsatzklammer |

134
2. <u>Sie kocht Spaghetti</u>, **die** ich gerne **esse**. **Was für Spaghetti? Welche?**
3. <u>Ich fragte den Mann</u>, **welcher** mir gerade **entgegenkam**. **Was für ein Mann? Welcher?**
4. <u>Er besitzt ein Fahrrad</u>, **das** über 300 Euro gekostet **hat**. **Was für ein Fahrrad? Welches?**
5. <u>Gabi hat sich Sportschuhe gekauft</u>, **die** sie nur zum Laufen **anzieht**.
   Was für Sportschuhe? Welche?
6. <u>Die Schülerin</u>, über **die** wir uns unterhalten **haben**, <u>wechselt in unsere Klasse</u>.
   Über welche Schülerin? Über was für eine Schülerin?

135
1. Ich sitze gemütlich im Wohnzimmer (,) <u>und</u> er hört Musik. **anreihend**
2. Meine Freundin Veronika kommt heute am Nachmittag zu mir, <u>denn</u> wir bereiten gemeinsam unser Deutschreferat vor. **begründend**
3. <u>Entweder</u> du saugst das Wohnzimmer (,) <u>oder</u> du hängst die Wäsche auf! **ausschließend**
4. Sie kommen, <u>aber</u> sie werden sich ungefähr eine Stunde verspäten. **entgegenstellend**
5. Ich besuche dich gerne, <u>doch</u> ich kann erst nächste Woche kommen. **entgegenstellend**
6. Fährst du mit dem Auto (,) <u>oder</u> gehst du zu Fuß? **ausschließend**
7. Anna ging zum Frisör <u>und</u> sie ließ sich die Haare kurz schneiden. **anreihend**
8. Er schrieb eine ausgezeichnete Schularbeit, <u>denn</u> er hatte viel geübt. **begründend**
9. Schreibe die Vokabeln ab (,) <u>oder</u> bilde Sätze mit diesen Wörtern! **ausschließend**
10. Otto kann Musik hören (,) <u>und</u> er kann gleichzeitig seine Hausübung machen. **anreihend**

136 **HS = Hauptsatz, GS = Gliedsatz, AS = Attributsatz**
1. In der letzten Märzwoche <u>fahren</u> alle dritten Klassen auf Schikurs nach Wagrain, **aber** zwei Schüler aus unserer Klasse <u>bleiben</u> hier. **HS + HS**
2. Berni und Christoph, **die** sich beide beim Handballtraining den rechten Arm gebrochen <u>haben</u>, <u>können</u> nicht mitfahren. **HS + AS + HS** (Der HS wird nach dem AS weitergeführt.)
3. Wir <u>freuen</u> uns alle schon darauf, **weil** wir in einem Jugendhotel wohnen <u>werden</u>. **HS + GS**
4. **Dass** auch Snowboardkurse angeboten <u>werden</u>, <u>finde</u> ich sehr gut. **GS + HS**
5. Ich <u>werde</u> nur mein Snowboard mitnehmen, **obwohl** ich gerne Schi fahren <u>würde</u>. **HS + GS**
6. **Bevor** wir <u>abfahren</u>, <u>muss</u> jeder seine Schi überprüfen lassen. **GS + HS**
7. **Damit** es keine Streitereien um die Zimmer <u>gibt</u>, <u>machen</u> wir schon jetzt eine Zimmereinteilung. **GS + HS**
8. Am Abend <u>wird</u> es sicherlich immer ein lustiges Programm geben, **das** wir selbst gestalten <u>dürfen</u>. **HS + AS**

137
1. Der Lehrer bemerkte, **dass** <u>ich nervös war</u>. **Was? Objektsatz**
2. <u>Wer schwätzt</u>, muss in der Pause die Biotonne ausleeren. **Wer? Subjektsatz**
3. Er lernt jeden Tag Vokabeln, **weil** <u>er eine schlechte Semesternote hatte</u>. **Warum? Kausalsatz**
4. Kinder, **die** <u>klein sind</u>, dürfen im Auto nicht vorne sitzen. **Was für ...? Attributsatz**

138 1. <u>**Als**</u> <u>wir endlich eine Telefonverbindung herstellen konnten</u>, war der Akku leer. **Wann? Temporalsatz**

2. Ich kaufe im Winter keine Erdbeeren, <u>**weil**</u> <u>sie nicht nach Erdbeeren schmecken</u>. **Warum? Kausalsatz**

3. <u>**Bevor**</u> <u>du dein Referat hältst</u>, trainiere zu Hause vor einem Spiegel. **Wann? Temporalsatz**

4. Er behauptete, <u>**dass**</u> <u>er noch nie gelogen hätte</u>. **Was? Objektsatz**

5. Das Chamäleon schützt sich, <u>**indem**</u> <u>es die Farbe wechselt</u>. **Wie? Modalsatz**

6. <u>**Wer**</u> <u>zuerst kommt</u>, bekommt das größte Stück vom Kuchen. **Wer? Subjektsatz**

139 1. **Mein Vater (S)**, <u>ein begeisterter Bergsteiger</u>, trainiert für den Aufstieg auf den Kilimandscharo. **Apposition im Nominativ**

2. **Ihrem vierbeinigen Freund (O3)**, <u>einem jungen Dalmatiner</u>, schenkte sie ihre ganze Aufmerksamkeit. **Apposition im Dativ**

3. **Ihre Mutter (S)**, <u>eine gute Bekannte meiner Eltern</u>, wird drei Wochen bei mir wohnen. **Apposition im Nominativ**

4. **Für sie (PO4)**, <u>meine alte Nachbarin</u>, kam jede Hilfe zu spät. **Apposition im Akkusativ**

5. **Rhodos (S)**, <u>die grüne Insel Griechenlands</u>, ist dieses Jahr unser Urlaubsziel. **Apposition im Nominativ**

6. Mein kleiner Bruder schaut gerne **„Wicki und die starken Männer" (O4)**, <u>eine Zeichentrickserie von 1970</u>, im Fernsehen an. **Apposition im Akkusativ**

7. Du kennst **Marcel Hirscher (O4)**, <u>den besten Schifahrer der Welt</u>, nicht? **Apposition im Akkusativ**

8. **Mit der 3c (PO3)**, <u>unserer Nachbarklasse</u>, planen wir ein Projekt am Schulschluss. **Apposition im Dativ**

140 1. Meine Mutter kommt in die Sprechstunde, **um sich Rat von meiner Lehrerin zu holen**.

2. Er betreibt viel Sport, **um gesund zu bleiben**.

3. Birgit will ihr Essen gleich bezahlen, **um jederzeit aufbrechen zu können**.

4. Felix spart sein Taschengeld, **um sich ein neues Handy zu kaufen**.

141 1. **Heftig rudernd** (,) kam er rasch ans Ufer.

2. **Im Hotel angekommen** (,) bezogen wir sofort unser Zimmer.

3. **Uns erblickend** (,) blieb sie mitten auf der Straße stehen.

4. **Mit mir telefonierend** (,) lackierte sie sich die Nägel.

142 Meine Freundin Marion (HS), **die** wöchentlich für jemand anderen schwärmt (Attributsatz), kam ganz aufgeregt zu mir (zu HS). Sie hatte sich wieder einmal einen neuen Schwarm auserkoren (HS), **aber** diesmal war es kein Filmschauspieler oder Sänger (HS). Sie hatte sich in einen „wirklichen Burschen" (HS), einen Italiener (Apposition), verliebt (zu HS). Er arbeitete im italienischen Eissalon (HS), **der** gleich um die Ecke unserer Schule liegt (Attributsatz).

Marion erzählte mir sehr ausführlich von „ihrem Italiener" (HS), mit **dem** sie noch kein einziges Wort gewechselt hatte (Attributsatz). Sie schwärmte von seiner Schönheit und seinem italienischen Charme (HS). **Da** ich selbst auch neugierig war (Kausalsatz), ging ich mit meiner verliebten Freundin in den Eissalon (HS).

Meinen Bananensplit hatte ich schon fast aufgegessen (HS), **während** Marions „Heiße Liebe" (Temporalsatz), Vanilleeis mit Himbeeren (Apposition), noch unberührt war (zu Temporalsatz).

Sie schaute ständig zur Eistheke **und** beobachtete den Kücheneingang (HS).

„Das ist er!" (HS – Ausrufesatz), flüsterte Marion (Begleitsatz zur direkten Rede).

Ich konnte es nicht glauben (HS), **dass** auf diesen Jungen Marions Beschreibung passen sollte (Objektsatz).

Wo war die Schönheit (HS = Fragesatz), **und** wo war der italienische Charme (HS = Fragesatz), von **denen** sie so begeistert war (Attributsatz)? Verzückt sah sie zu ihm hinüber und beobachtete mit weit aufgerissenen Augen (HS), **wie** er umständlich die Eiskugeln formte (Was? Objektsatz) **und wie** er sie ungeschickt in ein Glas stopfte (Objektsatz).

„Wie gekonnt und elegant er das macht!" (HS), meinte Marion (Begleitsatz). Ich hüllte mich in Schweigen **und** dachte an die Worte meiner Großmutter (HS): „Liebe macht blind (HS) (,) **und** Geschmäcker sind verschieden (HS)."

Marion versprach mir (HS), uns noch ein kleines Eis zum Mitnehmen zu kaufen (satzwertige Infinitivgruppe), **weil** jetzt „ihr Italiener" an der Theke stand (Kausalsatz). Sie ging zur Eisvitrine **und** bestellte bei ihm (HS): „Due gelati, per favore!" Verdutzt sah er sie an (,) **und** nun verriet er seine wahre Identität (HS), **indem** er im breitesten Wiener Dialekt die wenig höfliche Nachfrage stellte (Modalsatz): „Wos wüst?" (Fragesatz)

Durch diese Worte ernüchtert (satzwertige Partizipialgruppe) (,) schleckten wir wortlos unser kleines Eis (HS).

In den nächsten Wochen aßen wir gar kein Eis (HS), **denn** meine Freundin meinte (HS), **dass** das Eis beim „Italiener" eigentlich gar nicht so gut wäre (Objektsatz).

Marion fand bald Trost bei einem deutschen Superstar (HS), **den** sie nur aus der Ferne (Attributsatz), nämlich vom Fernseher aus (Einschub), umschwärmte (zu Attributsatz), **aber** dafür war sie vor enttäuschenden Überraschungen sicher (HS).

143 1. Daniela besorgt für ihre kranke Mutter Lutschtabletten, Hustensaft und Kräutertee.
2. Mein Hamster frisst entweder Hirsekörner oder Kürbiskerne.
3. Erika, Hubert und Klara kennen weder dich noch deinen Bruder.
4. Ich heiße nicht Sabine, sondern Sabrina.
5. Julia verbringt die Osterferien entweder bei ihrer Mutter am Land oder bei ihrem Vater in der Stadt.
6. Großmutter brachte uns einen Korb mit Obst sowie eine Kiste voll mit Gemüse.
7. Sebastian bekam zum Geburtstag ein Fahrrad, einen Helm, Arm- und Knieschützer.
8. Wieso kommst du nicht am Donnerstag, sondern erst am Freitag?
9. In dem Koffer am Dachboden befinden sich alte Schulbücher, gesammelte Zeitungsausschnitte, ausgeschriebene Hefte, ein verschnürtes Paket gesammelter Briefe und alte Autoprospekte.

144

1. Nein, ich kann jetzt nicht kommen!
2. Gott sei Dank, wir haben es geschafft!
3. Bitte (,) steigen Sie rasch ein!
4. Lieber Julian, borge mir bitte dein Handy!
5. Oje, das habe ich ganz vergessen!
6. Ja, ja, das kommt davon!
7. Pfui, Strolchi, lass den Knochen liegen!
8. Juhu, wir haben gewonnen!

 145

1. Julian fährt mit dem Rad (,) und unser Hund läuft ihm nach.
2. Ich komme heute nicht zu dir, aber morgen werde ich dich besuchen.
3. Herbert sitzt in der Badewanne und liest die Zeitung.
4. Er braucht Geld, doch ich kann ihm keines leihen.
5. Wir gehen ins Kino oder holen uns einen Film aus der Videothek.
6. Mein Vater repariert sein Motorrad (,) und ich helfe ihm dabei.
7. Robert hat sich den Fuß gebrochen und fährt deshalb nicht auf die Sportwoche mit.
8. Paul hat ein Bild gemalt und schenkt es seiner Tante zum Geburtstag.

 146

1. Wir konnten am See nicht mehr eislaufen, <u>weil</u> es getaut hatte.
2. <u>Bevor</u> du schimpfst, höre dir meine Erklärung an!
3. <u>Während</u> die Eltern noch schliefen, bereiteten die Kinder das Frühstück.
4. <u>Da</u> es gestern sehr spät geworden ist, habe ich nicht mehr bei euch angerufen.
5. Die Aktentasche, <u>welche</u> gestern hier abgegeben worden ist, gehört mir.
6. Ich glaube nicht, <u>dass</u> sie mir das so schnell verzeiht.
7. <u>Obwohl</u> ich keine Erlaubnis hatte, trat ich ein.
8. Gerd ging zu Fuß nach Hause, <u>nachdem</u> er den Bus versäumt hatte.

 147

1. Lisa, unsere Klassensprecherin, meldete sich bei der Schülerversammlung zu Wort.
2. Ich esse gerne Süßigkeiten, besonders Geleezuckerl.
3. Tobias, auch Tobi genannt, ist unser Klassenbester.
4. Unsere Nachbarn, eine fünfköpfige Familie, leben in dieser kleinen Wohnung.
5. In diesem Aufsatz finden sich viele Fehler, vor allem Ausdrucksfehler.

148

1. Er holte tief Luft, um so lange wie möglich unter Wasser bleiben zu können.
2. Heftig winkend (,) machte sie auf sich aufmerksam.
3. Mit Reis werfend (,) beglückwünschten wir das Brautpaar.
4. Sich verbeugend (,) bedankte sich der Pianist bei seinem jubelnden Publikum.
5. Steif gefroren (,) lagen die Fäustlinge auf dem vereisten Autodach.
6. Um dieses Schuljahr in Deutsch positiv abzuschließen, musste ich noch einiges üben.

149 BS = Begleitsatz bei direkter Rede

Regel Nr.

1 Archibald Exeter, der bekannte Minnesänger aus England, hatte es sich gemütlich **5**_____
gemacht. Er ahnte nichts von den Szenen, die sich im Schloss des Herzogs **4**_____
etliche Meilen entfernt abspielten. (...) Ein Diener hatte eine Tasse Tee auf die _____
Anrichte gestellt. Die modisch spitzen Schnabelschuhe hatte der Sänger ausge- _____
5 zogen und hautenge Glitzerstrumpfhosen, die er bei seinen Auftritten stets trug, **4**_____
gegen bequeme Jogginghosen getauscht. _____
„So, jetzt noch eine Prise Schnupftabak", summte er fröhlich vor sich hin, **2, BS**_____
„und der Tag ist gerettet ..." _____
Da hörte Exeter plötzlich ein dumpfes Pochen am Fenster. „Nanu", murmelte **BS**_____
10 er. „Wer ist denn jetzt ... um diese Stunde? Die Fans werden langsam lästig. _____
Tja, das ist der Preis, den man für den Ruhm bezahlt ..." **2, 4**_____
Seufzend erhob sich Archibald aus dem handgeschnitzten Ohrensessel, ging **3**_____
zum Fenster, öffnete es und blickte hinaus. Doch er konnte im Regendunst **3**_____
der Dämmerung nichts erkennen. „Merkwürdig", murmelte der Sänger. „Ich **BS**_____
15 hätte schwören können, da ist jemand draußen." **3**_____
Da sprang die Tür auf. Ein Windstoß fegte durch den Raum und wirbelte _____
Archibalds Schriftstücke durcheinander. Ein ausgewachsener Kammdrache _____
stürmte in das Kaminzimmer. Er rutschte auf den Briefen aus und sauste wie _____
auf Kufen über den glatten Steinboden. Erst knapp vor der Anrichte kam das _____
20 Tier zum Stehen. _____
Es war ein besonders schönes Exemplar von einem Drachen, groß und kräftig, **5, 5**_____
also eigentlich unverwechselbar. Der Sänger erkannte den unangemeldeten _____
Besucher auch sofort. „Klemens", rief Exeter überrascht „du (,) hier? O Boy, **BS, (2), 2**
so eine Überraschung! Was ist los, alter Junge? Du bist doch nicht gekom- **2**_____
25 men, um mit mir auf Tournee zu gehen? Was bringst du für Nachrichten? **6**_____
Du meine Güte, du bist ja ganz außer Atem!" (...) **2**_____
Mit einiger Mühe gelang es ihm, die Nachricht zu entziffern. „Na, so was!", **6, BS, 2**
brummte Exeter nach der ersten Zeile überrascht. „Das ist ja allerhand!", rief **BS**_____
er nach der zweiten. Und nach der dritten Zeile schrie er: „Du lieber Himmel!" _____
30 Mit jedem Wort, das er las, wurde sein Erstaunen größer. **4**_____
Das Gesicht des Sängers war vor Zorn und Aufregung rot angelaufen, als er **4**_____
den Brief zu Ende gelesen hatte. „Das ist ja nicht zu fassen!", knirschte er und **BS**_____
lief in seinem Kaminzimmer auf und ab. „Silberzahn-Floretto hat die Drachen- _____
babys gekidnappt!" (...) _____